Angaangaq
con Christoph Quarch

Sciogliete il ghiaccio nei vostri cuori

Come possiamo cambiare il mondo con un cuore libero

Traduzione dal tedesco di
Adelgunde Müller
e Giuseppina Monaco

Fotografie di
Sven Nieder

Verdechiaro
Edizioni

Via Montecchio, 29
42031 Baiso (Reggio Emilia)

ISBN 978-88-6623-059-5

Titolo originale dell'opera:
Angaangaq, Christoph Quarch,
Schmelzt das Eis in euren Herzen! Aufruf zu einem geistigen Klimawandel

Traduzione italiana a cura di Adelgunde Müller e Giuseppina Monaco.
Le traduttrici rivolgono un sentito ringraziamento a Viria Romagnoli
e Francesco Ruini.

Le fotografie in copertina e negli interni sono di Sven Nieder.
www.sven-nieder.de

Mio fratello Angaju mi disse: «Se vuoi scrivere questo libro, devi essere degno degli insegnamenti. Devi scriverlo di modo che gli insegnamenti prendano vita in ogni lettore e in ogni lettrice».

Mi ha anche mandato una lettera che vorrei mettere all'inizio di questo libro (vedi alla pagina seguente). Mi rendo conto della grande responsabilità. C'è voluto molto tempo prima che mi sentissi abbastanza maturo per scrivere questo libro. La mia preoccupazione più grande era che la mia forza espressiva non fosse sufficiente per rendere giustizia agli insegnamenti e alle cerimonie del mio popolo.

Ora ho scritto questo libro.

Che alzi il tuo spirito!
Che alzi il tuo spirito come hanno fatto gli insegnamenti degli Anziani che,
per millenni, hanno animato il mio popolo!
Che alzi il tuo spirito, affinché tu impari a comprendere chi sei!
E chi dovresti essere! E come puoi trovare la fioritura della tua vita!
Che ti mostri la via verso casa, affinché impari ad amare te stesso
e a trasformare il mondo!

Che faccia sciogliere il ghiaccio nel tuo cuore!

Angaangaq

Annganngarallak asasara – Aanakassap Aanaa Aanaqqii-llu oqaluttuai atuakkiarisavit saqqummernissaa qilanaareqaara.

Eqqaasikkusuppakkilli qanoq pingaartigisoq oqaluttuat taakkua ilumoortumik eqqortumik nuannersumik anersaarissumik tusarnersumillu allaatigissagitit – kinguaatta amerlasuut siunissaminni nukittoqqutigisalerniassammatigit – uvagullu utoqqalilerluta eqqissilluta atuarusaartalerniassagattigit eqqaamassutitut siulitta ataqqinartut ileqquvi upperisaat inooriaasaallu puvigugassaanngitsumik pigijuarnissagattigu tamatta.

Atuartup misigissavai siulitta ileqquvi. Atuagarlu uumassuteqartumik anersaarissumik allassimassalluni - taamatut allassinnaaguvit ilaqutariit sinnerlugit akuveraara atuakkiavit saqqumersinnerqarnissaanut.

Asanningaartumik kunillutit inuulluaqquvakkit

Angaju - Kutuk

Angaangaq

Annganngarallak mio caro – le storie che stai raccontando vengono tutte dalla nostra Aanakasaa e Aanaa Aanaqqii – sono desideroso di leggerle.

Vorrei solo ricordarti quanto è importante scrivere gli insegnamenti nello stesso modo in cui li abbiamo ricevuti – veritiero, con grande bellezza, spirito e suono – in un modo che le nostre generazioni future troveranno forza dentro questi insegnamenti belli e potenti – e per noi vecchi che possiamo rivivere questi insegnamenti dei nostri antenati con gioia nel nostro spirito, nella maniera come facevano loro, nella maniera come credevano e come vivevano quello che hanno insegnato.

Fa' che il lettore possa sentire i nostri antenati e fai di questo libro un libro vivente – lo puoi fare – accetto la pubblicazione del libro in nome di tutta la famiglia.

Con amore sentito profondamente ti saluto con un kunik.

Angaju - Kutuk

SCIOGLIETE IL GHIACCIO NEI VOSTRI CUORI

«La mia via non è l'unica via»

Aanakasaa,
la nonna di Angaangaq

Prologo

Tutte le volte, quando tornavo da uno dei miei viaggi attraverso il mondo, nostra madre Aanaa Aanaqqii invitava tutti gli Anziani che conosceva. Dovevo raccontargli dei miei viaggi. Così avevano fatto mio padre e mia madre dal 1975. Per ambedue era molto importante che gli Anziani sapessero quello che vivevo nel mio mondo. Dopo che mio padre Aataa Aataqqii ebbe lasciato il mondo terreno, mia madre continuò questa tradizione. Invitava gli Anziani nella sua casa.

Un giorno nel 1978, tornai da un viaggio con conferenze, discussioni e riunioni. Davanti agli uomini del mondo occidentale – tra l'altro anche davanti alle Nazioni Unite – avevo parlato del fatto che il Grande Ghiaccio in Groenlandia si sta sciogliendo, e le persone mi avevano applaudito. Ero orgoglioso. Pieno di entusiasmo tornai a casa e raccontai agli Anziani della mia conferenza importante. Gli Anziani risposero: «Figlio mio, ti hanno sentito?» Allora capii che, pieno di orgoglio com'ero, non avevo nemmeno pensato se le persone sedute là avevano veramente sentito le mie parole. E più parlavo e viaggiavo, più mi sentivo abbattuto. Parlavo e parlavo, ma sentivo sempre di più che non riuscivo a raggiungere le persone. Mi ricordo ancora bene quando andai a trovare mia madre e le dissi che mi sembrava di non cambiare niente. Tutte le volte che parlavo, ricevevo grandi applausi. Le persone erano d'accordo con me e annuivano gentilmente, ma non succedeva mai niente. Così chiesi a mia madre cosa avrei dovuto fare. Eravamo nel suo salotto. Lei era seduta su una sedia che era appartenuta a mio padre. Questa sedia era la sua preferita. Si alzò, e così feci io. Mi prese le due mani e alzò gli occhi per guardarmi, perché ero più alto di lei. Poi fece il suo sorriso incantevole. Chiuse i suoi occhi, e così feci io.

Poi disse: «Figlio mio, tu sai che devi prendere altre vie». Mi ricordo che dissi con convinzione: «Sì». Rimanemmo in piedi vicini, ci tenevamo per mano e ci guardavamo a occhi chiusi. E mi disse: «Figlio mio, tu sai che prenderai altre vie. Partirai per sciogliere il ghiaccio nei cuori degli uomini. Solo se sciogliamo il ghiaccio nei cuori degli uomini, l'uomo potrà cambiare e utilizzare le sue conoscenze con saggezza». Poi tacque.

Pensai che avesse finito. Aprii i miei occhi e la guardai. Anche lei aprì i suoi occhi e fece il suo sorriso incantevole. Dissi: «Sì, ma come posso farlo?» Di nuovo chiuse gli occhi; il suo sorriso incantevole rimase sulle sue labbra. Anch'io chiusi gli occhi. Lei ripeteva: «Figlio, devi imparare a sciogliere il ghiaccio nei cuori degli uomini. Solo se sciogliamo il ghiaccio nei cuori degli uomini, l'uomo potrà cambiare e utilizzare le sue conoscenze con saggezza». Stringeva dolcemente le mie mani. Quando aprii nuovamente gli occhi, guardai mia madre, e il suo sorriso era più incantevole che mai. Prima che potessi dire una parola, si girò e tornò nella sua amata cucina.

Stavo lì e valutavo la missione che avevo ricevuto. Mi chiedevo che cosa significasse. Perché con tutti gli insegnamenti che mi aveva dato, non aveva mai spiegato come potevo fare a sciogliere il ghiaccio nel cuore degli uomini – di modo che l'uomo potesse imparare a utilizzare il suo sapere con saggezza.

Oggi viaggio come sciamano, Anziano, guaritore, cantastorie e guardiano di saggezza da una parte all'altra del mondo. Ovunque incontro gli Anziani dei popoli, delle tribù e dei villaggi. Ovunque mi fermo per assistere alle feste delle Anziane.

Mi meraviglio per quanto sono attenti: con quanta attenzione questi uomini seguono i cambiamenti del mondo, e con quanta accuratezza percepiscono i bisogni spirituali dell'umanità. Sono andato in posti del mondo dove gli uomini non conoscevano più se stessi, persi in una lotta per la sopravvivenza, disperatamente alla ricerca di amore.

Sono cresciuto in un piccolo villaggio della Groenlandia. Gli uomini erano – e sono ancora oggi – pescatori e cacciatori. Vivevamo come i nostri nonni – vivevamo e sopravvivevamo grazie ai doni della natura. Infatti, non c'era nient'altro che quello che Madre Natura ci dava.

Il popolo degli eschimesi Kalaallit custodisce un'antica profezia: «Se un giorno il Grande Ghiaccio duro sarà così morbido che non potrai lasciare l'impronta della tua mano, sarà il segno che Madre Terra è in grande tumulto». Mia madre Aanaa Aanaqqii non si sarebbe mai aspettata di poter assistere al compiersi di questa profezia nell'arco della sua vita. Invece sì. Nel 1963 due cacciatori vennero nel mio villaggio e raccontarono di un fenomeno molto strano: un rivoletto sgocciolava dalla grande calotta glaciale delle terre polari. Oggi questo rivoletto è un fiume – ed esiste la reale minaccia che l'oceano ci possa inghiottire tutti.

Possiamo imparare ad ascoltare la voce di questa montagna di ghiaccio. Ci parla con una lingua dei tempi passati – la lingua è talmente antica che nessuno conosce la sua età. Proprio come il tempo stesso che sta immobile davanti a noi – in attesa delle decisioni che prenderemo e seguiremo. È arrivato il tempo di ascoltare – ascoltare – e ascoltare sempre di più. Ascoltare il suono del proprio cuore. Il *Qilaut*, il tamburo degli eschimesi, ha la forma di un cerchio. Tutti noi apparteniamo a questo cerchio. Tutta l'umanità è un *Qilaut*. L'Uno Grande – chi ci ha creato – solo Lui tiene in mano l'impugnatura. E tutte le volte che tocca il bordo del tamburo, suona il battito del cuore dell'uomo. Più è forte il battito del cuore, meglio sta l'uomo.

Un'antica preghiera dice: «La mia speranza è che tutti noi abbiamo un battito forte; così tutti insieme possiamo essere sani». Siccome è anche il tuo battito, il tuo cuore ti risponderà tutte le volte che gli parli. Più è forte il battito, più l'uomo è sano. Senti il battito degli uomini? Quanto è forte? Quanto forte potrebbe essere? Guarda il mondo nel quale viviamo. Vedi che siamo noi quelli che hanno causato i cambiamenti?

Mai prima gli uomini erano istruiti come oggi. Ma il grande sapere non ha portato del bene nella nostra vita. Abbiamo complicato sempre di più tutte le cose. Non abbiamo imparato a utilizzare la nostra enorme conoscenza con saggezza. Non abbiamo imparato a prendere delle decisioni sagge.

Ora che il ghiaccio si sta sciogliendo e che le lacrime di Madre Terra cominciano a fluire, sembra che il ghiaccio nei cuori degli uomini stia diventano ancora più duro di prima. Più duro è il ghiaccio nei cuori degli uomini, più difficile sarà un vero cambiamento. Perciò mia madre Aanaa Aanaqqii diceva che l'umanità non può cambiare finché il ghiaccio nei cuori degli uomini non sarà sciolto.

È facile sciogliere il ghiaccio sul terreno – paragonato al ghiaccio nei cuori degli uomini. Basta appoggiare la mano sul ghiaccio, e dopo un minuto puoi vederne il profilo. Ma, come diceva mia madre Aanaa Aanaqqii: «La cosa più dura è sciogliere il ghiaccio nei cuori degli uomini. Adesso è arrivato il tempo per farlo».

Ho viaggiato tutto il mondo per portare questo insegnamento: finché non impariamo ad adempiere alle nostre responsabilità spirituali e a diventare degni di questi insegnamenti, non impareremo a sciogliere il ghiaccio nei cuori – né nei nostri cuori, né nei cuori degli altri. Se sciogli, però, il ghiaccio nel tuo cuore, il mondo cambierà. Sarai in grado di aiutare gli altri a sciogliere il ghiaccio nei loro cuori. Allora il nostro mondo cambierà – oggi, domani e sempre.

Prego affinché tu e io saremo più preparati – così, potremo imparare a sciogliere il ghiaccio nei cuori degli uomini.

Come possiamo cominciare?

Cominciamo con un sorriso.

La bellezza di un sorriso fa sciogliere – senza dire una parola – il ghiaccio nel tuo cuore.

Prego affinché possiamo imparare a cambiare il mondo durante la nostra vita, cosicché i nostri figli possano vedere ancora molte, moltissime primavere su questa Terra.

La celebrazione della vita

A Call to Pray

I walk to the top of the mountain to pray.
Here I am – alone – at the very top of the world looking
at the vastness surrounding me.
I feel very small – just like a speck within the greatness of creation.
The Great One, the Creator. Will He see me? Will He hear me?

Then I realized that I am not alone.

The minerals are here with me, but they are asleep.
I know this because when I walk on them I do not see their beauty.
They are asleep.
I need to awaken them so they can show their powerful beauty
to the Creator and pray with me.

The plants are here with me, but they are asleep.
I know this because as I walk amongst them they are not blooming.
I need to awaken them, so they can show their beautiful blossoms
to the Creator and pray with me.

I see the animals in a distance.
They too are asleep.
I know this because they are walking with their heads hanging low.
I need to awaken them, so the new ones can be born and play.
I need to awaken them, so they can walk in a good way
and pray the Creator.

I see the people of the world are also out there.
They too are asleep.
I know this because they are not chanting the songs of the heart.
I need to awaken them so their hearts can speak to the Creator.

Once I awaken the mineral world, the plant world and the animal world,
the people too will awaken.
Then the Creator will hear our prayer and see me.*

---

* La traduzione italiana della poesia è la seguente:
Richiamo alla preghiera
Vado sulla cima della montagna per pregare. / Sono qua – da solo – sul punto più alto del mondo e guardo la vastità intorno a me. / Mi sento molto piccolo – un puntino nell'immensità del creato. / L'Uno Grande, il Creatore. Mi vedrà? Mi sentirà?
Poi realizzai di non essere solo. / I minerali sono con me, ma sono addormentati. / Lo so perché quando cammino sopra di loro, non posso vedere la loro bellezza. / Rimangono addormentati. / Devo svegliarli affinché possano mostrare la loro bellezza potente al Creatore e pregare con me.
Le piante sono qui con me, ma sono addormentate. / Lo so perché quando cammino in mezzo a loro, non fioriscono. / Devo svegliarle affinché possano mostrare i loro fiori bellissimi al Creatore e pregare con me.
Vedo gli animali in lontananza. Anche loro sono addormentati. / Lo so perché camminano con la testa bassa. / Devo svegliarli affinché i piccoli possano nascere e giocare. / Devo svegliarli affinché possano camminare in una maniera buona e pregare al Creatore.
Vedo anche gli uomini là fuori nel mondo. Anche loro sono addormentati. / Lo so perché non stanno cantando le canzoni del cuore. / Devo svegliarli affinché i loro cuori possano parlare al Creatore.
Quando avrò svegliato il mondo dei minerali, il mondo delle piante e il mondo degli animali, anche gli uomini si sveglieranno. / E il Creatore sentirà la nostra preghiera e mi vedrà.

Il richiamo alla preghiera

Un giorno camminavo attraverso la campagna. Vedevo tutti i sassi e le rocce. Erano lì, semplicemente lì, muti e immobili. Così capivo che non pregavano. Ma mentre seguivo questo pensiero, cominciarono a pregare. E si formarono i più bei minerali che tu possa immaginare: diamanti e smeraldi, cristalli, argento, oro, platino – innumerevoli pietre con colori splendenti e forme sorprendenti. Essi sono la prova che il mondo dei minerali prega il suo Creatore.

Continuavo la mia strada e osservavo le piante. Erano lì, semplicemente lì, mute e immobili. Ma mentre le guardavo, cominciarono a pregare. E mostrarono i loro fiori più belli, forti e meravigliosi – una moltitudine infinita e indescrivibile di fiori e alberi. Essi sono la prova che il mondo delle piante dice le sue preghiere.

Andando più avanti entrai nel mondo degli animali. Contemplavo gli esseri che nuotano, gli esseri che strisciano per terra, gli esseri che camminano e gli esseri che volano. Erano lì, ma vegetavano soltanto. Poi cominciarono a pregare. E concepivano tutti, i piccoli animali bellissimi. Trasmettevano la vita e riempivano la terra di creature meravigliose – con un'abbondanza che nessun uomo sarà mai in grado di enumerare.

Poi vidi l'uomo. Sembrava tormentato, oppresso e pesante. Finché un giorno non cominciò a pregare: si alzò e sorrise. E la bellezza fluiva dal suo cuore. Si ergeva nella sua grandezza. Stava lì in piedi: eretto, nella sua forza e bellezza – proprio come doveva essere.

Perciò tutti noi siamo chiamati a pregare. Quando senti questo richiamo, seguilo. Io prego che tu possa imparare a pregare. Scoprirai l'incredibile bellezza del mondo dei minerali, vedrai l'abbondanza incantevole del mondo delle piante, gioirai della moltitudine del mondo degli animali. E lo spirito dell'uomo accenderà un sorriso sulle tue labbra.

Così anche tu chiamerai l'Uno Grande.

Gli uomini nella Groenlandia orientale dicono: «Quando sorge il Sole, e noi usciamo per salutarlo, esso è così potente e così grande che anche noi uomini piccoli e deboli ci sentiamo potenti e grandi. Per noi è come se il Sole mandasse i suoi tuoni attraverso tutto questo mondo meraviglioso. Per questo motivo parliamo al nostro Creatore con una voce molto forte, più forte possibile. Altrimenti il Sole ci coprirebbe. Quando celebriamo la cerimonia del Sole che sorge, preghiamo con tutta la forza della nostra voce. Il canto nasce dalla profondità più profonda del nostro essere. Lo lasciamo salire e offriamo la nostra interiorità al Creatore. Cantiamo più forte che possiamo. Altrimenti l'Uno Grande potrebbe non vederci. Magari potrebbe non sentirci».

Per questo motivo, molti indigeni dicono nelle loro preghiere: «Dio, puoi vedermi? Dio, puoi sentirmi?» Infatti, non lo sappiamo. Siamo degli esseri piccolissimi dentro una creazione immensa. Se balbetti con voce oppressa: «Dio mio, ascoltami», non ti sentirà. Ma se segui il richiamo della preghiera, se sei a casa tua, nel mezzo della grande natura, puoi essere certo che sarai sentito. Prega con forza dal tuo cuore, ed Egli ti sentirà.

E prega insieme ad altri! Quando cantiamo insieme, il nostro canto salirà nel Grande Cielo.

Spero e prego che tu e io, un giorno, intoneremo insieme questo canto.

Una volta, a San Pietroburgo, entrai in una chiesa. Era una brutta giornata. Avevo ricevuto il messaggio che nostra nipote era morta in un incidente in Groenlandia. Avevo bisogno di un attimo di silenzio. Volevo raccogliermi. Volevo chiedere al Creatore perché aveva preso mia nipote – nonostante fosse così giovane e bella, aveva solo quindici anni. Avevo bisogno di un supporto spirituale. Quando entrai nella chiesa, faceva un freddo polare. Nessuno mi salutava. C'era una grande solitudine, eppure c'erano molte persone. Erano sedute sulle panche di legno e sembravano profondamente assorte in una preghiera.

Mi guardavo intorno con la sensazione che quello non fosse il mio posto. Ma non potevo semplicemente uscire, perché dovevo trovare la risposta al perché mia nipote fosse stata portata via. Non c'era nessuno ad aiutarmi, perciò andai davanti all'altare. Stavo lì davanti e vedevo tutti i magnifici paramenti. Non potevo toccarli. Allora, non potei fare altro che tirare fuori il mio tamburo. Chiusi gli occhi e chiamai – silenziosamente – il mio Creatore. Quando conclusi la mia cerimonia, mi sentii finalmente a casa. Ero di nuovo in grado di stare in piedi con forza.

Aprii gli occhi. Davanti a me c'era un uomo con un lungo abito. Sul suo volto spiccava una impressionante barba lunga. Mi guardava. Lo guardavo. Posi una mano sul mio cuore e mi chinai davanti a lui in segno di gratitudine per avermi accolto nella sua chiesa. Disse: «Questa sì che era una preghiera!» Poi se ne andò. Non avevo l'intenzione di trasformare la mia preghiera in un'esibizione. Non m'interessava farla sentire alle altre persone. Avevo soltanto bisogno di parlare con il mio Creatore. Questo era tutto. Perché mi sentivo solo e faceva freddo. Mia nipote era morta. Egli l'aveva portata via – da me, da sua madre e da suo padre. Avevo bisogno di una risposta.

Perché rendiamo tutto così complicato? Nel nord puoi incontrare delle persone che stanno su una collina e cantano. Magari ascolti. Se ascolti bene, ti renderai conto di essere parte della loro preghiera. Non sei soltanto uno spettatore o ascoltatore, ma sei parte della preghiera. Così come il prete a San Pietroburgo divenne parte della mia preghiera.

I vecchi dicono: «Pregare significa parlare la lingua del Creatore». Dicono: «Nel corso della tua vita imparerai questa lingua». Non so come funziona. Ma so che tutto cambia, quando gli uomini entrano in una preghiera profonda: il suono, la lingua, gli sguardi, lo spirito. L'ho osservato spesso negli Anziani. Un'energia diversa riempie la stanza; la puoi sentire.

Pregare non vuol dire chiedere al Creatore questa o quella cosa. Pregare vuol dire: rivelo il mio cuore al mio Creatore. Pregare vuol dire: essere consapevole. Pregare vuol dire: sentire nel silenzio quello che hai da dire al tuo Creatore. Meditare e muovere la tua preghiera nel tuo cuore, finché nasce una risposta dentro di te. Poi sta a te far vivere dentro di te la risposta che hai sentito. Dio ti ha *risposto*, ora la *responsabilità* di dare forma alla sua risposta è tua.

Quasi nessuno prega in questo modo. La maggior parte delle persone si rivolge al Creatore come a un amico cui chiedere qualcosa – e pensano che Egli esaudirà quelle richieste. Poi stanno fermi e aspettano fino alla fine dei loro giorni che qualcosa succeda. Aspettano un miracolo, ma non avviene. Il tempo dei miracoli è passato. L'unico miracolo rimasto è quello di vivere. Perché gli uomini aspettano invano dei miracoli? Perché aspettano l'avverarsi delle loro preghiere? Perché non muovono le loro preghiere nel silenzio del cuore. Perché non percepiscono la risposta alle loro preghiere e non se ne assumono la responsabilità. Perciò i vecchi dicono: «Una preghiera senza azione è senza valore». Se alle mie preghiere non faccio seguire delle azioni, rimangono chiacchiere vuote. Dire delle grandi parole – tutti possono farlo. Ma solo pochissimi arriveranno a fare susseguire delle azioni alle parole. Anche per me molto spesso questo è difficile. Tutti i giorni lotto con me stesso. Perché non voglio essere uno di quelli che parlano soltanto senza mai fare niente.

Per pregare non ho bisogno di una chiesa. Salgo su un monte. Ogni giorno lo vedo, ma non salgo ogni giorno sulla sua cima. Se salgo sulla sua cima, è per parlare con il mio Creatore. Cerco l'intimità di un colloquio con Lui. Gli apro il mio cuore. Dopo mi sento a casa, a casa dentro me stesso. Così come dovrebbe essere anche nella chiesa. Sto lì, parlo col mio Creatore, sono a casa dentro di me. Così dovrebbe essere.

Quando sei a casa dentro di te, sei a casa dappertutto. Per noi eschimesi, questo è molto importante. Perché viviamo sull'isola più grande del mondo e siamo in pochi. La terra è immensa. È importantissimo essere a casa dentro se stessi. Ma non soltanto in Groenlandia. Dappertutto. La più grande chiesa di questo mondo si chiama "natura". Quando vai a trovarla arrivi a casa, a casa dentro di te. Però: quasi nessuno di noi vuole arrivare a casa. Perché non sappiamo chi siamo. Come potremo arrivare a casa, se non sappiamo chi siamo? È impossibile. Perciò è il nostro compito riconoscere noi stessi. Altrimenti non possiamo tornare a casa. Altrimenti non possiamo stare dentro noi stessi. Altrimenti non possiamo fiorire.

La preghiera più bella è un essere umano fiorente: eretto, vigoroso, bello. Siamo fatti per quello. Per sempre. Non con uno spirito ripiegato, non con un corpo ripiegato – ma eretto, vigoroso e con bellezza. Questo è quello che il Grande Cielo – altri lo chiamano *Dio* – ha previsto per noi. È per lui che camminiamo in posizione eretta. Per lui camminiamo pieni di forza. Per lui camminiamo con bellezza. Per lui fioriamo. Come le piante, come gli animali, come le pietre.

Magari ti chiedi: come faccio a pregare in questo modo? Dov'è la mia chiesa? Qui non c'è natura. Qui non c'è silenzio. Qui non c'è l'intimità per un colloquio col Creatore. Hai ragione. La vita moderna rende difficile parlare col Creatore. Il mondo intero è occupato a guadagnare soldi per vivere, e abbiamo dimenticato come pregare. Questa è la vera tragedia.

Molte persone si immaginano uno sciamano come una specie di mago o stregone: qualcuno che dispone di forze soprannaturali. Credono che uno sciamano sia un uomo esotico con dei vestiti strani. Ma tutto questo non ha niente a che fare con le qualità di uno sciamano. Uno sciamano è un uomo come te e me – un uomo tra gli uomini. Uno sciamano non è un superuomo, ma una persona vera: una persona che vive con grande attenzione – un uomo che esplora se stesso, che ha esplorato i tre mondi di se stesso e quindi è in grado di accompagnarti sulla tua via interiore; che è in grado di aiutarti a riconoscere la tua bellezza, ad amarti e a giungere nella casa che è dentro di te.

Non riconoscerai uno sciamano dal suo tamburo, dai suoi vestiti, dalle sue cerimonie. Riconoscerai uno sciamano dalla sua presenza, dalla sua attenzione, dal suo amore. Non tutti quelli che hanno l'aspetto di uno sciamano (secondo la tua idea) sono degli sciamani. D'altronde ci sono degli sciamani che non hanno l'aspetto di uno sciamano, ma lo sono. Il Dalai Lama è uno sciamano, Francesco d'Assisi era uno sciamano: grandi maestri che hanno assunto la responsabilità di indicare la via agli uomini.

Gli insegnamenti degli sciamani sono sempre rivolti a te in prima persona e a ciò che riguarda la tua vita. Ti svelano qualcosa su di essa. Quando si dice che gli sciamani viaggiano negli inferi, non vuole dire che scavano un buco attraverso i sassi e la terra. Ma si intende che scendono nelle profondità della vita umana. E quando si dice che là incontrano molte persone, si intende che svelano tutte le relazioni che collegano gli uomini tra loro. In questo modo esplorano i fondi e le profondità della vita. Quando scendo negli inferi della tua vita, riconoscerò chi sei. E ti aiuterò a riconoscere chi sei. Perché questa è la cosa più importante: riconoscere chi sei. I vecchi dicono: «Il motivo per cui siamo sulla terra, è conoscere noi stessi». Perché, quando riconosciamo noi stessi, riconosceremo anche il Creatore.

Dicono: «Tu sei un'immagine del Creatore». Un'immagine, ma non un sosia! Non ho l'aspetto del Creatore, ma sono la Sua immagine. Perciò riconoscerò l'Uno Grande, quando esploro me stesso – la Sua immagine. Questo è il senso del nostro viaggio della vita.

Siccome, però, gli intrecci dentro di me sono molto forti, spesso è molto difficile riconoscere me stesso. Molte persone hanno paura. In realtà non vogliono arrivare dentro se stessi. Preferiscono evitare la loro essenza nascosta e dirigere l'attenzione sugli altri. Si lasciano distrarre da se stessi.

Perciò abbiamo gli insegnamenti: per concentrarci nuovamente su noi stessi e aprire gli occhi per noi stessi. Gli insegnamenti ci aiutano, e così anche gli sciamani. Sono strumenti che aiutano a capirti meglio. Scendono nelle tue profondità e ti dicono qualcosa sulla tua essenza nascosta. Guardano dentro i tuoi istinti e portano alla luce gli impulsi nascosti delle tue azioni. Portano la tua attenzione su chi o che cosa ti ha formato: chi hai incontrato, che cosa hai visto, che cosa hai vissuto, chi hai ferito. Ti aprono gli occhi su te stesso. Ti rendono consapevole delle conseguenze delle tue azioni. Questo può essere doloroso, può essere penoso, può essere imbarazzante. Ma soltanto se diventi consapevole della traccia che hai lasciato nella tua vita, puoi capire te stesso. Uno sciamano non ti accuserà mai. Non parla di peccato, ma di perdono. La differenza è enorme. Perché con il perdono arriviamo ad accettarci e a riconoscerci come immagini dell'Uno Grande.

E soltanto quando capisci te stesso e sei in pace con te stesso – con quello che sei e con quello che sei diventato – potrai essere il maestro della tua vita presente. Anche qui uno sciamano può aiutarti. Lo fa viaggiando nel tuo mondo umano – come diciamo noi. Il "mondo umano" è la tua vita quotidiana: la tua famiglia, i tuoi amici, i tuoi conoscenti. Quando entrerà nel tuo mondo, vedrà molto. E ti racconterà chi e che cosa ha incontrato. Osserverà quale influenza tutte queste persone hanno su di te. Spesso hanno una grande influenza della quale non ti rendi conto. Spesso anche tu hai una grande influenza su di loro, e non te ne rendi conto. Perché vivi come se fossi cieco, senza fare attenzione, senza vedere che ferisci le persone attorno a te. Lo sciamano te lo farà capire. Ti renderà consapevole del tuo mondo umano.

Poi scandaglierà lo spazio delle tue potenzialità. Intendiamo questo quando diciamo che lo sciamano viaggia nel Grande Cielo. Facendo così e rendendoti consapevole, allargherà il tuo orizzonte e ti aprirà, di modo che tu potrai diventare veramente quello che sei. Con tutte le tue parti. E così puoi passare attraverso la tua vita con vigore, eretto e con bellezza.

Il compito di uno sciamano è di accompagnarti nella tua via interiore, di farti conoscere a te stesso – e mostrarti la tua bellezza. Di modo che tu possa riconoscerti e amarti. Sostenerti – con insegnamenti, storie e, soprattutto, con cerimonie – questo è il lavoro degli sciamani.

Le cerimonie

Ti chiedi che cosa ti manca di più? La cosa che ti manca di più sono le cerimonie. Non c'è niente di più importante nella vita delle cerimonie. Quando chiedi aiuto a uno sciamano, egli farà una cerimonia con te. Lo farà per innalzare il tuo spirito. Lo farà per farti guarire. La cosa che manca di più a voi uomini dell'occidente sono le cerimonie. Credete che le cerimonie siano misteriose e difficili. Come la vita che vi sembra molto complicata. Invece, siete voi che la rendete tale.

Voi uomini dell'occidente avete perso il senso del gioire alla vita. Vi siete dimenticati delle cerimonie. E di più: avete dimenticato che vi siete dimenticati delle cerimonie.

Ma esiste anche un movimento contrario. Sono entusiasta che sempre più persone mi invitino per celebrare, insieme a loro, delle cerimonie – così possono capire che cos'è quello che hanno dimenticato. Non è affascinante? Vengo da un piccolo paesino situato alla fine del mondo. Ma gli insegnamenti che porto, sono compresi e riconosciuti dagli uomini in tutto il mondo. Dappertutto mi dicono: «Wow! Gli insegnamenti che vengono dalla fine del mondo non sono male!» E perché? Perché portano la vita. Perché portano la vita *a te*. Perché ti danno la possibilità di trovare chi sei.

Mio fratello più giovane è nato il 16 aprile 1958. Quando pescò il suo primo pesce – una trota – mia madre e mio padre tralasciarono qualsiasi cosa stessero facendo e radunarono tutto il paese per celebrare quell'evento. Tutti i cinquanta abitanti vennero alla nostra barca. Le nonne portavano altri pesci. All'inizio, il pesce che aveva pescato mio fratello non veniva toccato, né da mio padre, né da mia madre, né da mio fratello stesso. Dopo però, quando tutti furono riuniti, a ciascuno venne dato un pezzettino. E così mio fratello piccolo, che allora aveva due anni, contribuì per la prima volta al sostentamento dell'intero paese. Naturalmente ci servivano altri pesci per celebrare la nostra festa, ma ogni abitante aveva ricevuto un pezzettino del pesce di mio fratello. Che bella festa! Mia madre piangeva, mio padre non riusciva più a smettere di sorridere, era così orgoglioso! Solo mio fratello non capiva bene cosa gli stava succedendo. Tuttavia questa festa rimase impressa nella sua anima – un piccolo bambino di soli due anni aveva catturato il suo primo pesce e questo lo rendeva partecipe del sostentamento della sua gente. Oggi è un uomo vecchio – e ancora ama andare a pesca. Non si ricorda più del suo primo pesce, ma questa storia gli è stata raccontata tante volte da tante persone.

Da noi ci sono innumerevoli cerimonie e feste: celebriamo il primo pesce, la prima foca, la prima patata. Tutte queste feste ci ricordano che la vita in sé è una cerimonia – degna di essere celebrata con una cerimonia. Ma le persone di oggi non lo fanno più. Hanno dimenticato le cerimonie. E con le cerimonie dimenticano la vita. Le poche cerimonie che esistono ancora sono fossilizzate in rituali. Mia nonna Aanakasaa diceva: «Quando perdiamo l'entusiasmo delle cose che stiamo facendo, diventano dei rituali». Perché poi le facciamo soltanto, perché sono sempre state fatte. Questo vale anche per le cerimonie. Quando svanisce il loro spirito, diventano dei rituali. Per questo motivo, mia nonna, poco prima di morire nel luglio 1969, diceva che la sua preoccupazione più grande era di aver creato un rituale – e che, dopo la sua morte, si sarebbe detto: «Dobbiamo fare questo e quello così come l'ha fatto la nonna». Sapeva che le cerimonie vogliono e devono vivere e crescere – come un albero che si espande con bellezza e forza, sempre più grande – e quando in una cerimonia si è estinto il fuoco della vita dal quale attingere, il suo unico destino è perire ed è per noi giunto il momento di abbandonarla.

Purtroppo il mondo di oggi è pieno di rituali e povero di cerimonie. Tantissime cerimonie hanno perso il loro spirito. Si fanno soltanto, perché sono in uso da molti secoli. I rituali sono vuoti. Le cerimonie, invece, ci aiutano a scoprire la bellezza e la semplicità della vita. Ci rendono consapevoli che la vita è troppo breve e troppo preziosa per passarla in afflizione e paura: che dovremmo trattarci amorevolmente e aprire gli occhi per ammirare la bellezza che è dentro e fuori di noi. Perché se non vediamo la bellezza, diventiamo amari e freddi. Distogliendo lo sguardo dalla bellezza intorno a noi, perdiamo la nostra propria bellezza. Perdiamo la nostra sensibilità per la vita, se fissiamo la sua bellezza con occhi vuoti, senza sentirla. Smettiamo di sorridere col cuore, e la vita diventa fredda e grigia. Guardiamo il mondo con i paraocchi, invece di gioire del suo splendore. Siamo come le persone di cui parla la storia nel richiamo della preghiera: siamo depressi e stanchi.

Solo quando impareremo nuovamente a pregare – quando ci alzeremo e cammineremo in forza e bellezza sotto il vasto cielo – sentiremo di nuovo la grandezza e la meraviglia del nostro mondo. Con la preghiera – con la cerimonia – ci apriamo, e tutto diventa bello, leggero e libero. Possiamo di nuovo respirare. Le cerimonie sono molto più grandi della tua mente limitata. Tutta la tua vita dipende da esse. Senza cerimonie non puoi vivere. Questo è quello che dicono i vecchi. Ci rifletto spesso. Penso alla mia vita e a quanto tempo ho trascorso senza cerimonie. E mi rendo conto quanto tempo della mia vita non ho vissuto. E penso a quante persone vivono completamente senza cerimonie. E rabbrividisco.

I vecchi dicono: «Non viviamo se viviamo senza cerimonie». Senza cerimonie esisti solamente: dormi, ti alzi, mangi, lavori, guardi la televisione, vai al letto. Tutto qui. E questo è niente. Sei occupato tutto il giorno. Ma per che cosa? Per niente. I vecchi dicono: «La vita in sé è una cerimonia – degna di essere celebrata con una cerimonia».

Magari pensi: «Che cosa posso fare? Le cerimonie sono andate perse. Non ne abbiamo neanche più la memoria». Sì, hai ragione. Ma ciò non vuole dire che non puoi più celebrare – che non puoi più recuperare il senso per le cerimonie. È dentro di te. Lo devi svegliare. Come? Celebrando delle cerimonie. Se non conosci nessuna cerimonia: inventane delle nuove che vanno bene per te. Se non conosci più delle canzoni che descrivono la forza e la bellezza della vita: inventa delle canzoni nuove! Non è difficile: la Luna è sempre qui, e troverai le parole giuste, quando la guardi. Troverai i gesti giusti, quando la guardi. Perciò: guardala! Consapevole. Col cuore aperto. E subito la cerimonia avrà inizio. Guarda la terra. È la stessa cosa. La terra è sempre qui. E sempre ha qualcosa da dirti. Sii attento! E subito la cerimonia inizia. Fai qualcosa con consapevolezza! Fallo in una maniera che diventi importante per te! Fallo col cuore! E soprattutto: fallo!

Se lo fai, schiuderai la tua bellezza. Camminerai sulla terra eretto, vigoroso e bello – così com'è il tuo destino, ora e per sempre.

Il tuo destino

Mia nonna Aanakasaa diceva: «La vita in sé è una cerimonia – degna di essere celebrata con una cerimonia». Per questo motivo le persone del mio popolo hanno delle cerimonie e delle feste per tutte le stagioni dell'anno. Abbiamo per esempio la celebrazione dell'autunno, quando il raccolto è messo al riparo e le bacche sono state raccolte. Teniamo questa cerimonia quando inizia il periodo di raccolta delle radici. A ciascuno facciamo i nostri migliori auguri. È una celebrazione bellissima che viene fatta con uno spirito comune positivo. Ognuno riceve il suo compito – un compito che gli dà la possibilità di creare una buona base per la sua forza e la sua energia fisica.

Magari ricevi l'incarico di uscire per trovare una certa pianta. Non farai nient'altro, solo questo. Devi avere disciplina, perché troverai sulla tua strada altre cose che vorresti fare più volentieri, per esempio: raccogliere dei mirtilli. Ma questo non è il tuo compito. La cerimonia ti chiede di raccogliere soltanto quella pianta. Devi concentrarti, non devi farti distrarre da nient'altro. Altrimenti cade la neve, prima che tu abbia trovato la radice, e tornerai a casa con le mani vuote – senza avere posato le fondamenta per la tua forza e la tua salute. Così hai mancato la tua *medicina.** Perché eri troppo affaccendato e ti sei fatto distrarre dalle bellezze allettanti della vita.

Perché ti racconto questo? Perché vorrei farti capire che le cerimonie che celebriamo servono per aiutarti a fare quello per cui sei destinato.

Siamo umani, facciamo molte cose. Ma abbiamo un destino. Perciò dobbiamo stare molto attenti a noi stessi – per essere certi di non mancare il nostro destino. Ciò vuol dire: quando il tempo è arrivato, dobbiamo fare esattamente quello per cui siamo destinati: cercare la pianta che dobbiamo trovare. E dobbiamo resistere a molteplici tentazioni. Si tratta di imparare a concentrarci su una cosa e completarla bene. Ma molto spesso falliamo; ci lasciamo distrarre e dimentichiamo la nostra responsabilità. Noi umani siamo fatti

---

* Quando Angaangaq parla di "*medicine*", intende un rimedio che aiuta l'uomo in tutti i suoi aspetti – che si tratti di erbe, di un osso animale, un sasso o un prodotto farmaceutico. Per rendere il lettore consapevole del vasto significato della parola "*medicina*", essa viene scritta in corsivo (*NdC*).

così. Tutti ci perdiamo. Questo è umano. Non c'è da rimproverare nessuno.

Ma se conosciamo il nostro destino e lo seguiamo, possiamo andare dappertutto. Ho cacciato in Siberia, camminato in Cina, passeggiato a Tokyo, girellato a Los Angeles, mi sono perso a Taipei. Andavo con fiducia, andavo con amore. Andavo con la consapevolezza del mio destino. Mi chiedi da dove ho preso questa fiducia? Da dove ho preso questo amore? Dalle cerimonie. Le cerimonie mi danno la forza e la capacità di concentrarmi sul mio compito.

Grazie alle cerimonie puoi incontrare la verità su te stesso in tutte le situazioni della vita. Ti permettono di celebrare la vita come una festa che è degna di essere celebrata. Le cerimonie sono degli esercizi per guidare la tua attenzione sul tuo destino. Perché questa è la cosa più importante della vita. Gli Anziani dicono: «Devi imparare ad accettare, non importa cosa ti arriva. Così troverai te stesso».

Perciò preghiamo per i nostri figli, che sappiano cosa devono fare quando raggiungeranno l'età matura. Che mettano il raccolto al sicuro prima che cada la neve e il lungo inverno oscuri il Paese. Preghiamo che celebrino la loro vita come una cerimonia che merita di essere celebrata con piena consapevolezza e grande attenzione – di seguire il loro destino senza farsi distrarre da cose futili. La vita è una cerimonia in se stessa – degna di essere celebrata con una cerimonia.

La vita degli eschimesi

La cosa più importante nella vita degli eschimesi sono le cerimonie e le feste. Senza di esse la nostra vita sarebbe pesante e faticosa. Abitiamo uno dei posti più inospitali del mondo. Quando si vive così separati da tutto, è importantissimo fare una vita che valga la pena di essere vissuta – che sia degna di essere celebrata come una cerimonia. Una vita piena di cerimonie. Senza cerimonie la vita diventa dura e fredda, e non soltanto all'estremo nord. Dappertutto nel mondo le circostanze della vita moderna hanno fatto sì che gli uomini abbiano perso la loro dignità – che abbiano perso la gioia e leggerezza. Dappertutto nel mondo occidentale ci sono dei problemi sociali drammatici, ma a casa mia, nel nord, è particolarmente grave.

Gli indigeni hanno perso la loro identità, le loro tradizioni e i loro valori. La società si sta disgregando a causa di alcol, abuso di droghe, mancanza di istruzione. Noi eschimesi siamo stati ridotti a degli oggetti. Il dominio coloniale danese ci ha fatto diventare degli stranieri nel nostro Paese. Invece di essere i proprietari delle nostre case, dobbiamo pagare l'affitto a dei forestieri. Questo è stranissimo, perché noi sappiamo che nessuno può essere proprietario della terra. Appartiene al Creatore, a nessun altro. Ma il governo l'ha presa lo stesso. Tutto in Groenlandia appartiene a qualcuno – tranne che agli indigeni. Perciò molti di noi sono disperati. È umiliante dover pagare dei soldi per poter vivere in una casa. Sono costretti a lavorare per qualcun altro, per avere un reddito. Ma non esiste l'industria. L'unico datore di lavoro è il governo. Per gli eschimesi il mondo è rovesciato. E questo crea una sofferenza sociale sconvolgente.

La cosa peggiore, però, è che agli uomini, in Groenlandia, sono state tolte le loro cerimonie. Chi ha perso le sue cerimonie, ha perso tutto. Per chi è cresciuto con antiche tradizioni, la perdita delle cerimonie è un fatto drammatico. E ora si aggiunge lo scioglimento del Grande Ghiaccio. Questo processo cambia totalmente la vita delle persone in Groenlandia – nonostante esse non ne siano responsabili. Soprattutto viene distrutto l'habitat degli animali di cui si nutrono. Per gli animali non è così disastroso. Ma gli uomini non sono tanto flessibili.

Ma proprio di fronte a questa situazione cominciamo di nuovo a comprendere com'era sensato e saggio il modo di vivere dei nostri antenati. Centinaia di generazioni potevano, grazie alle loro conoscenze tradizionali, sopravvivere in una delle zone più inospitali del mondo. Soprattutto grazie alle cerimonie; senza le cerimonie non ci sarebbe stato molto che potesse dare significato e gioia alla loro vita. Per che altra cosa sarebbe valsa la pena di vivere? Con la perdita delle cerimonie ha avuto inizio tutta questa spirale discendente.

Ma ora le cerimonie stanno tornando. Questa è la mia grande speranza. Gli uomini si riuniscono nuovamente per la cerimonia del sorgere del Sole, quando la luce ritorna, dopo le lunghe giornate senza Sole. Salgono nuovamente sui monti per salutare il Sole. Fanno nuovamente le celebrazioni per la Luna. Celebrano con le loro famiglie il primo pesce che catturano i loro figli. Tutto ciò sta tornando, e la vita torna a essere viva.

Ciò dimostra com'è importante ricordare sempre di nuovo che la vita è una cerimonia – degna di essere celebrata con una cerimonia. Tutto ciò per me è l'inizio di un nuovo inizio. Credo che il nostro popolo tornerà ad alzarsi – grande e vigoroso, proprio come deve essere. La consapevolezza sta tornando – e con essa lo sguardo limpido che ci permetterà di comprendere il significato spirituale vero e proprio di tutto ciò che sta succedendo nel mondo. Non soltanto nel nostro popolo. Sono fermamente convinto che l'umanità *in toto* ritroverà se stessa, se riconquista il senso per le cerimonie. La Groenlandia è solo un microcosmo che rispecchia il mondo intero.

La tua via

La via per arrivare a te stesso è lunga e sassosa. È la via che ti porta dentro a quello che noi chiamiamo il "mondo sciamanico". Questa via ti chiede molto tempo, ti chiede dei grandi sforzi. Ma se la percorrerai, vedrai: il tempo non esiste. *Sarai* semplicemente. Alzerai i tuoi occhi al Grande Cielo e sarai come lui. Il Grande Cielo è infinito. Semplicemente *è*. La via nel mondo sciamanico è la via che ti porta là: la via al "semplicemente essere". Un uomo è uno sciamano quando vive completamente nella presenza e nella consapevolezza di questo "semplicemente essere".

Oggi molte persone nel mondo occidentale si occupano della tradizione dello sciamanesimo, ma hanno un'idea moderna, occidentale, di quello che è lo sciamanesimo. Pensano di poter arrivare immediatamente nel mondo sciamanico. Ma ciò è impossibile. È una strada lunga – una strada lunga che richiede tutta la tua attenzione, tutto il tuo impegno. È una via che non termina mai. Anche quando sarai diventato uno sciamano, non finisce, poiché ci sarà sempre qualcosa da imparare.

Ci sono tante strade che portano nel mondo sciamanico. Mia nonna diceva sempre: «La mia via non è l'unica!» Sapeva che ci sono molte vie e molte storie. Perciò non hai bisogno di camminare tutte le strade. Devi trovare la tua strada. Ma stai attento: la devi *trovare*, non *inventare*. Voi uomini dell'occidente vorreste fare tutto secondo il vostro gusto, e per questo sacrificate le vostre tradizioni. Ma non dovreste farlo, perché nelle tradizioni sono racchiuse le strade. Anche la tua.

Incontro molte persone che vorrebbero essere degli sciamani. Ma non tutti possono essere degli sciamani, così come non tutti possono essere medici o giudici. La via richiede della pratica. Se la vuoi camminare, devi avere pazienza e disciplina. E hai bisogno di un insegnante. Ma anche trovare un insegnante non è facile. Devi sviluppare la capacità di vedere la qualità delle persone. Devi essere in grado di conoscere chi può guidarti e accompagnarti nel tuo viaggio – che sia degno che tu ti affidi a lui. Devi essere capace di vedere la bellezza negli uomini. Devi imparare l'arte dell'ascolto.

Non arriverai mai all'espressione di te stesso, se non ti impegni consapevolmente. Senza questa attenzione consapevole tornerai sempre sulle vecchie vie, finché, un giorno, non ti sveglierai e ti chiederai: «Che cosa sto facendo qui?» Quando questa domanda irrompe dentro di te, arrivi alla consapevolezza; questa consapevolezza diventerà viva dentro di te, potrai salire sul punto più alto della tua vita e scoprirai le tante possibilità che la vita ti offre.

Ora puoi scegliere consapevolmente – senza farne una cosa grande – e finalmente puoi arrivare a te stesso: a casa tua. Ancora non sei uno sciamano, ma almeno hai raggiunto una qualità di vita che ti riempie: vivi con consapevolezza e attenzione, scopri chi sei. Il Grande Cielo si apre in te e impari ad amare te stesso. Quando hai imparato questo – quando hai veramente imparato ad amare te stesso – sei a casa. E arrivare lì, è il tuo destino.

Gli insegnanti

Mia madre mi insegnava: «Non seguire mai nessuno. Quando segui qualcuno, vedi soltanto la sua schiena. E lui ti sbarra la vista». Perciò ti dico: «Non seguire un guru! Non seguire uno sciamano! Non seguire me!» Mia madre diceva: «Non seguire nessuno, ma cammina al suo fianco». Perciò invito le persone che vengono da me ad accompagnarmi sulla mia strada. E io accompagno loro. Così possiamo sostenerci a vicenda, se dovessimo inciampare o ci prendesse la stanchezza.

Quando camminiamo fianco a fianco, possiamo guardarci in faccia. Quando camminiamo uno dietro l'altro, la persona che cammina dietro di me riceve tutto quello che mi lascio dietro. Non va bene. Perciò: non seguire mai nessuno! Vai *con* qualcuno! Camminate insieme sulla vostra strada! Essere insieme sulla strada significa anche trasformarsi a vicenda. Tu impari da me, io imparo da te. Ognuno di noi cambierà. Ma non diventeremo mai ciò che l'altro è. Se mi segui, non diventerai un eschimese. Ti posso raccontare la saggezza del mio popolo, ma non per questo diverrai un eschimese. Il tuo orizzonte si espanderà, ma le tue radici rimarranno là da dove vieni.

Ed è giusto così. Bellezza significa moltitudine. La monotonia è noiosa. La bellezza si crea dove l'individuo è ben radicato; essa fa sì che la sua vita possa svilupparsi e fiorire. Se pensi di poter estrarre le tue radici e piantarle altrove, ti sbagli. Morirai, non fiorirai. Se vuoi fiorire, entra profondamente nelle tue radici e rallegrati quando gli altri vivono dalle loro. La mia preghiera è che tu impari ad amare le tue radici; che tu rimanga fedele alle tue radici, e che tu intraprenda la tua strada con la forza delle tue radici. Così troverai buoni compagni di viaggio – compagni che ti faranno crescere e che ti aiuteranno a fiorire; compagni degni del tuo sostegno quando sono stanchi.

La religione

Ogni essere umano – senza eccezione – ha bisogno di supporto spirituale. Sette miliardi di persone, e ciascuno di loro ha bisogno di un padre o una madre spirituale che gli apra l'accesso allo spirito. La maggior parte degli uomini se n'è dimenticata. Ma questo non cambia il fatto che hanno bisogno di guide spirituali – oggi più che mai. Non importa a quale religione le persone appartengano, a che cosa credano. Non si tratta della religione, ma si tratta dello spirito. La differenza è enorme. Ma noi, che cosa ne abbiamo fatto? Ci definiamo attraverso l'appartenenza a una religione e guardiamo con disprezzo tutti quelli che si sentono appartenenti a un gruppo diverso. Non è follia questa?

Ti racconto una storia: quando il mio antenato, il grande sciamano, era in fin di vita, il missionario luterano venne al suo capezzale per dirgli che presto sarebbe andato all'inferno. Il mio bisnonno rispose: «*Ho Ho*, questa è bella. Così possiamo bruciare insieme».

«No, no» disse il missionario, «il mio Dio è migliore del tuo. Mi chiamerà a sé».

Il mio bisnonno ripose: «Uhm, ma guarda: c'è soltanto un Sole. Ciò significa che c'è solo un Creatore. Ciò significa: se tu mi dici che io andrò all'inferno, ci andrai anche tu».

Il missionario non gli voleva credere. Pensava che il suo Dio fosse migliore di quello dello sciamano. Ma il mio bisnonno disse: «C'è solamente un Sole. Ora puoi andare». Il missionario lo lasciò, credendo di aver vinto. Ma non era così. Non c'era niente da vincere, solo da comprendere: c'è solo un Dio; c'è solo una creazione. Tutto è uno.

Il missionario non l'aveva capito. Era troppo semplice per lui; preferiva le cose complicate. Perché voleva essere superiore, più importante, migliore: il *mio* Dio. Che sciocchezza!

Non abbiamo compreso i grandi fondatori delle religioni. Non abbiamo compreso Abramo e Mosè. Non abbiamo compreso Zarathustra, né Krishna, né Buddha, né Cristo, né Maometto, né Baha'u'llah. Invece di seguire le verità belle e semplici di questi saggi, gli uomini fanno delle guerre nel loro nome. I loro insegnamenti ci chiamano a vivere in comunione e unità. Ma, invece di ascoltarli, i credenti si dividono in diverse confessioni. Cristo si rivolterebbe nella tomba vedendo che esistono 1.500 chiese cristiane diverse.

Non si dovrebbe litigare per la religione, perché, quando lo facciamo, stravolgiamo completamente il suo senso. La religione ha lo scopo di unire il mondo. Ma noi la usiamo per il contrario. Ci comportiamo come degli adolescenti che pensano di doversi imporre agli altri. Ci fissiamo sulle differenze, invece di rallegrarci della bellezza della diversità. Invece di comprendere: sì, c'è solo una creazione, solo un mondo, e noi siamo i suoi abitanti. Faremmo meglio a prendercene cura insieme, invece di perderci in liti insensate. Faremmo meglio a donarci reciprocamente armonia e amore, così come dovrebbe essere.

Raccontare storie

Mia nonna Aanakasaa diceva: «Ascolta! Ascolta! E poi ascolta ancora di più!» Voleva mettere in evidenza com'è importante ascoltare delle storie. Non importa quali. Nel paesino dove sono cresciuto non esisteva la televisione, né radio o telefono. Non c'erano giornali. Perciò dovevamo ascoltare. Oggi so quanto è prezioso, perché così ho imparato ad ascoltare. E grazie a ciò oggi sono in grado di raccontare delle storie. Perché le storie della mia infanzia si sono impresse profondamente dentro di me. Sono diventate una parte di me stesso. Continuano a vivere dentro di me. Perciò: se vuoi che le storie siano vive dentro di te: «Ascolta! Ascolta! E poi ascolta ancora di più!»

La nonna ci ripeteva di continuo: «Tutto ciò che fai con l'anima piena, diventa vivo. Tutto ciò che vive, si rinnova e ritorna. Guarda i fiori: tutti gli anni ritornano. Tutto ciò che fai con lo spirito, diventa fiore – il fiore che sboccia nuovamente di anno in anno». La stessa cosa intendeva anche rispetto alle storie e le canzoni. Quando una storia o una canzone sono ben radicate dentro di te, rifioriranno sempre di nuovo. E i loro frutti diventano i germogli per storie e canzoni nuove. In questo modo le storie non si esauriranno mai. Solo quando perdono le loro radici, muoiono.

Le storie che gli Anziani si raccontano non riguardano soltanto gli insegnamenti ponderosi dell'essere uomini. Trattano sempre anche del piacere, della gioia, della risata; perché l'uomo non si nutre soltanto di cibo pesante ma vuole essere toccato anche nei propri sentimenti. Per questo motivo ci piace sentire delle storie d'amore, storie piene di passione ed emozioni. Perché tutto ciò si trova dentro di noi; in ogni singola persona, anche in te.

Le storie – delle storie veramente buone – ti toccano in profondità. Non puoi riconoscerle con la mente. Le puoi comprendere soltanto con il tuo spirito. Un esempio: la storia di Giona, che è stato ingoiato da una balena. Per la mente è impossibile che una balena ingoi un uomo, e che questo esca più tardi sano e salvo dalla sua pancia. Ma con il tuo spirito puoi sentire il profondo significato spirituale di questa storia: che racconta quanto profondamente un uomo può entrare dentro di sé. E quale forza porterà alla superficie, quando avrà sondato i propri abissi. Se ascolti e interiorizzi veramente una storia così, diventa viva dentro di te. Ti accompagnerà nel tuo viaggio interiore.

I vecchi cantastorie conoscevano l'importanza delle storie. Vivevano con le loro storie, e le storie vivevano dentro di loro. Erano circondati da una vitalità incredibile. Perciò gli indigeni amavano raccontare storie. Perciò raccontavano le loro vecchie storie ancora e ancora e ancora. Mia nonna diceva: «Racconta le storie mille volte! Così vivranno dentro di te!» Perché solo quando racconti le storie ancora e ancora, capirai davvero il loro significato.

È una tragedia che, sotto l'influenza dell'occidente, la tradizione del raccontare le storie si sia – quasi – persa nel mondo degli eschimesi. Oggi, tuttavia, le vecchie storie stanno lentamente tornando. Da noi, e anche da voi. Questo è molto buono. Abbiamo bisogno di storie. Abbiamo bisogno di sviluppare la capacità di ascolto. Dobbiamo imparare nuovamente ad ascoltare col cuore. So che non è facile. Nel mondo moderno siamo immersi da storie; sempre ci raccontano qualcosa di nuovo. In Internet, milioni di storie sfrecciano ogni giorno attraverso lo spazio virtuale. Come fai ad ascoltarle? È impossibile. Perciò queste storie non ti toccheranno mai in profondità; non diverranno mai una parte di te stesso. Le senti – e un momento dopo le hai già dimenticate. Non potrebbe essere diversamente. Perciò: prenditi il tempo per le storie che ti toccano. Raccontale ancora e ancora. Inspirale, così come inspiri il profumo di una rosa. Così come annusi l'odore della neve. Solo così saranno vive dentro di te.

Anche quello che ti sto dicendo, diventa vivo dentro di te soltanto se ascolti le mie parole in questo modo. Prenditi il tempo! Ascolta! Annusa le parole! Inspirale!

Il silenzio

Quando esci nella natura, puoi sentire il silenzio. Il silenzio è talmente rumoroso! Ciò nonostante lo senti raramente. Quando l'ascolti, si ritira, e poi senti soltanto il battito del tuo cuore che dice: «Ti amo!»

Non è sorprendente? Perché sentiamo il silenzio così raramente? Perché facciamo di tutto per non dover sentire il silenzio? Sembra che il silenzio sia qualcosa da temere!

Cerca il silenzio! Cerca la solitudine! E poi: scopri come riesci a parlare! Scopri come riesci a pregare: in modo silenzioso o rumoroso, con la canzone del tuo cuore o il canto della tua bocca. Prenditi tempo! Ci vogliono soltanto alcuni minuti di silenzio. Nel silenzio c'è tutto.

Le canzoni

Ci sono diversi modi di pregare. Mio padre diceva: «Il tuo corpo ha bisogno di una preghiera. Questa preghiera si chiama alimentazione. Quando fai questa preghiera per il tuo corpo, esso diventerà forte e bello. Altrettanto esiste una preghiera per la tua anima. La tua anima prega quando parli al tuo Creatore. Questo è il nutrimento dell'anima. Essa diventa forte e bella, ogniqualvolta parli al tuo Creatore».

Ma questo non è tutto. Non sei solo anima e corpo, sei anche spirito. Quando il tuo spirito prega, lo fa con i suoni e le melodie più belli che riesce a trovare. E canta una canzone! La canzone è il nutrimento per lo spirito. La preghiera dello spirito è una canzone. Perciò, quando canti, elevi il tuo spirito. E quando il tuo spirito si eleva, sorridi. Più sorridi, più stai bene e dimentichi la durezza della vita. Così hanno fatto i miei antenati per migliaia e migliaia di anni. Altrimenti, come avrebbero fatto a sopravvivere nelle condizioni estreme del nord? Riuscivano a sopravvivere perché avevano delle cerimonie e delle feste – e perché avevano delle canzoni. Non c'è mezzo migliore contro le avversità della vita che cantare.

Ma c'è di più: più canti, più diventi integro. Diventi un uomo integro, una persona integra. Rinforzi il tuo corpo, rinforzi la tua anima.

E rinforzi il tuo spirito ogniqualvolta, dal tuo cuore, canti una canzone per il tuo Creatore. In questo modo trovi il tuo equilibrio. E quando sei in equilibrio, tu stesso diventi una preghiera – un essere umano che cammina in bellezza e forza davanti al suo Creatore.

Per questo gli uomini cantano. Cantano per onorare il loro Creatore – anche quando magari non ne sono consapevoli. Cantano per esprimere gratitudine. È una cosa naturale – talmente naturale che nessuno ne è cosciente. Per farlo non hai bisogno di un posto speciale. Il luogo per cantare è la vita stessa. Dappertutto. Per esempio nell'autobus: se in Groenlandia prendi un autobus, vedrai che tante persone cantano o canticchiano a bocca chiusa. Non so se si rendono conto che stanno cantando. Ma lo fanno. E tutti lo accettano. Spesso anche gli altri cominciano a cantare. Ogni groenlandese ama cantare, e la maggior parte delle canzoni è ben conosciuta. Ti può capitare di salire in autobus dove tutti i passeggeri stanno intonando una canzone.

Spesso non ha importanza che cosa canti. Canti per dare espressione al tuo spirito. Questo è sufficiente – quasi sempre. Perché in alcune situazioni è importante quale canzone vuoi intonare. Per esempio durante le cerimonie. Ma ancora più importante è che canti col cuore, che la canzone salga dal tuo spirito.

Mio padre aveva sempre una melodia sulle labbra. Lo vedo ancora seduto nella sua poltrona preferita a canticchiare. Questa era la sua preghiera. Mi auguro di poter vivere un giorno nello stesso modo – nella costante presenza del Creatore.

Esistono innumerevoli tipi di canzoni come altrettanti modi di respirare. Per ogni stato del tuo spirito esistono delle canzoni particolari. Queste canzoni sono molto antiche. Quelle che cantiamo durante le nostre cerimonie sono talmente antiche che nessuno sa dire quando e da chi sono state create. Conosco solo due canzoni delle quali i compositori sono conosciuti. Anch'esse sono molto antiche. Le ho imparate da mia nonna. Lei, a sua volta, le aveva imparate dalla sua nonna, la sua nonna dalla sua nonna eccetera. Almeno sei generazioni di nonne hanno cantato queste canzoni. Una di queste canzoni descrive il ritorno a casa delle donne, nella loro barca tradizionale. La cantante racconta di aver fatto il giro del mondo e di come si senta felice adesso di ritornare a casa. È una bella canzone con delle belle parole. Ma è molto di più: è una storia – una storia antica, senza tempo, che non si esaurisce con parole e suoni. Devi comprendere che le canzoni non sono soltanto delle belle poesie o melodie. Le canzoni sono la vita stessa.

Il cerchio

Quando celebriamo una cerimonia, ci incontriamo guardandoci direttamente negli occhi. Stiamo nel cerchio. In un cerchio non c'è un capo. Non c'è presidente. Tutti sono pari. Nel cerchio ci guardiamo con occhi diversi. Vediamo la bellezza di quelli che sono con noi. Sentiamo i fili invisibili che ci collegano. La bellezza del cerchio è che, nel cerchio, non possiamo vederci le schiene. E la forza del cerchio sta nel fatto che degli altri vediamo soltanto la bellezza.

In un cerchio nessuno è solo. In un cerchio nessuno rimane indietro. Il cerchio è una cerimonia in se stesso. Nel cerchio sei considerato, amato, rispettato. Il cerchio eleva il tuo spirito. E tu senti: sono quello che sono. Senti: sono accettato. Faccio parte.

Nel cerchio non vedi la schiena degli altri. Non puoi piombare alle spalle di qualcuno. Non puoi ammazzare nessuno da dietro. Nello stesso modo, nessuno può attaccare te da dietro. E nessuno può parlare di te alle tue spalle. Nessuno ti può aggredire alle spalle. Invece tutti si incontrano faccia a faccia e tutti vedono la bellezza negli occhi degli altri. Comprendi che sei – come tutti gli altri – una parte del grande cerchio del Creatore.

Tutto il mondo è un cerchio. Non ha né inizio né fine. Tutta l'umanità è un cerchio. Ed è proprio quello che dobbiamo comprendere. Se lo capiamo, non ci aggrediremo più alle spalle – non agiremo più alle spalle degli altri – non ci imbroglieremo più.

Il fumo e il suffumigio

Mia nonna Aanakasaa ci ha insegnato tanto. Ma c'era una cosa alla quale teneva moltissimo: il produrre fumo. Diceva: «Tra tutte le cose che noi uomini creiamo, il fumo è l'unico che si dissolve davanti ai nostri occhi. Perciò» diceva, «invitiamo il fumo a venire da noi. Perché il fumo porterà via tutto ciò che non ci appartiene». Si scioglie insieme al fumo. Si scioglie in fumo.

Quando fumighiamo, preghiamo Dio di liberarci da tutto il male e tutta la confusione: che tutto ciò si sciolga come fumo davanti ai nostri occhi. Abbiamo tanti dolori e complicazioni; quanti pensieri negativi ci portiamo dentro, e quante azioni di cui non possiamo essere orgogliosi, e che ci pesano. Il fumo ci libererà di tutto ciò. E quanti sentimenti negativi muovono il nostro cuore! Il fumo li porterà via.

Questo vale anche per il modo in cui percepiamo il mondo. Quante volte non ci accorgiamo della bellezza delle cose! Quante volte consideriamo soltanto la loro utilità o produttività. Il fumo porta tutto ciò via da noi. Pulisce i tuoi occhi e ti aiuta a vedere chiaro.

Nello stesso modo pulisce la bocca. Quante cose brutte ho detto, quante sciocchezze, quante volte ho offeso altre persone! Sì, quante volte ho chiesto al Creatore di fare sì che tutto ciò non fosse mai successo – così che io potessi ricominciare da capo e non dovessi vergognarmi delle mie parole e delle mie azioni! Invano. Quel che è successo, è successo. Ma Egli mi ha dato il fumo, e così non devo più portare questo peso. Perciò gli uomini del mio popolo lavano le loro mani nel fumo. Perché sanno: che poi, quando toccheranno una persona, lo faranno in un modo buono, libero dal passato.

Non ha una grande importanza con che cosa il fumo viene creato. Di solito usiamo l'avena odorata [una varietà di gramigna, *NdT*], il cedro, la salvia bianca o il tabacco: la *medicina* della terra. Da noi non cresce il tabacco. Ma ne abbiamo bisogno lo stesso. Perché il tabacco è una *medicina* molto forte, non fumandolo, ma usandolo nella maniera giusta. Per esempio, strofinando le foglie nelle mani. Perché il succo del tabacco rinforza il cuore; una piccola quantità è sufficiente. Se però lo si fuma, il tabacco uccide.

Ma si possono utilizzare anche altre piante che sono adatte a produrre fumo, non si tratta di inalarlo, ma di purificarsi: ti lavi le mani col fumo, per toccare le persone in un modo buono; ti purifichi gli occhi col fumo per riuscire a vedere ovunque – quando il fumo si sarà dissolto – la bellezza della vita; ti purifichi le orecchie col fumo per riuscire a sentire – quando il fumo si sarà alzato – tutta la bellezza che ti circonda; ti purifichi la bocca col fumo per dire – quando il fumo si sarà volatilizzato – soltanto parole buone; ti lavi la faccia col fumo per sentire – quando il fumo se ne sarà andato – soltanto la bellezza di quelli che ti toccano; prendi il fumo vicino al tuo cuore per essere – quando il fumo sarà volato via – forte, buono, amorevole e vigoroso.

Il fumo però non serve soltanto per purificare. Lo usiamo anche per la preparazione spirituale. Puoi usare il fumo per radicarti, per calmare l'atmosfera prima o dopo una guarigione, iniziazione o cerimonia, e per ripulire degli oggetti sacri prima di utilizzarli. Puoi fare fumo per esprimere la tua gratitudine, perché il fumo ha un effetto di supporto alle tue intenzioni e preghiere. Le azioni durante il suffumigio servono a calmare i tuoi pensieri e a focalizzare la tua intenzione sulla cerimonia. L'odore coinvolge il tuo olfatto e approfondisce la tua esperienza consapevole stimolando i diversi piani e connessioni dentro di te. Così consente, dentro di te, lo sviluppo di una vasta esperienza.

L'uso del fumo ci collega a una tradizione spirituale che ci è stata tramandata da innumerevoli generazioni e che arriva da così lontano che nessuno può più sapere quando è stata creata. Da più di dodicimila anni la cerimonia del fumo viene usata da tutti i popoli indigeni del nord in ogni occasione disponibile. Ma si trova anche in molte altre culture e religioni del mondo: durante le cerimonie e riunioni, così come nella vita quotidiana. Nella mia patria troverai sempre qualcuno che sta fumigando. Puoi avvicinarti e partecipare. Non è una gran cosa, lo fai semplicemente. E poi prosegui per la tua strada – felice di averlo fatto. Perché ti senti pulito e libero. Sai che puoi vedere la bellezza della vita con occhio limpido. Sai che il tuo orecchio sentirà soltanto le cose belle che ti saranno dette. E sai che parlerai solo bene degli uomini. Il fumo ti permette di vedere le persone così come sono veramente. E ti permette di vedere te stesso così come sei veramente: nella tua bellezza e nella tua forza. Allora puoi percorrere la tua strada eretto e vigoroso e in bellezza.

Il fumo ti consente di acquisire saggezza onorando le piante e le loro qualità curative. È una forma di purificazione intensa che chiama lo spirito della pianta per ricostruire l'equilibrio dentro di te e tra gli uomini, e per togliere ciò che non è parte di te. Puoi celebrare questa semplice cerimonia in ogni momento, anche da solo – semplicemente per essere in armonia con te stesso e il tuo ambiente. Così ogni spazio diventa un luogo sacro per te dove puoi vivere e lavorare: un luogo di pace, di rinnovamento, di rigenerazione.

La pipa della pace

Una delle nostre cerimonie più importanti è la pipa della pace. Grazie a questa cerimonia, non c'è mai stata guerra nella mia patria. Perché? Perché durante questa cerimonia siamo seduti in cerchio. Ci guardiamo in faccia e comprendiamo che non dobbiamo avere paura gli uni degli altri. Perché siamo uguali.

Questo rimane tale, anche se c'è una persona che guida il cerchio. Questa persona toccherà la tua spalla destra con la pipa: un punto lontano dal tuo cuore; un posto dove tieni le tue preoccupazioni e le tue paure. Però dopo sposta la pipa intorno a te fino al centro del tuo cuore. E soffia su di te col respiro della vita – col respiro della vita, del quale hanno parlato tutti i grandi saggi, profeti e fondatori delle religioni.

Chi dirige la cerimonia farà così con ognuno dei presenti. Soffierà su ogni singola persona per fare vivere la pace in tutti i cuori.

Questa è l'intenzione che sta dietro alla cerimonia: la pace deve iniziare nel cuore di ogni singolo individuo. La pace non comincia nei palazzi dei potenti, essa ha inizio nel cuore di ogni uomo. Solo lì. Perché quando senti la pace dentro di te – e la senti veramente – diventi un messaggero di pace: nella tua famiglia, nella tua società, nel mondo. La pace si propaga come le onde in un lago tranquillo, nel quale butti un sasso; così è la cerimonia della pipa della pace, agisce su tutto. La pace nel mondo ha inizio, e il mondo comincia a cambiare, la pipa è lo strumento.

Ma durante la cerimonia non sarai solo toccato con la pipa. Questo è il primo passo. Dopo si fuma la pipa. Ciascuno fa un tiro e poi la passa al suo vicino. Come sai: il fumo purifica gli occhi. Il fumo ti consente di vedere la bellezza degli altri. In questo modo, i litigi si dissolvono in fumo.

La pipa stessa ha un aspetto maschile e uno femminile. Nella testa della pipa c'è un foro dove viene inserito il collo della pipa. Questo è l'atto sessuale. Il maschile e il femminile sono uniti nella pipa – affinché qualcosa di nuovo possa nascere da essa. Il maschile è molto lontano dal cuore. Il femminile è collegato al cuore. Quando entrambi sono uniti in armonia, la pace può nascere tra gli uomini. Tutto comincia con l'unione tra uomo e donna. Perciò preghiamo durante la cerimonia della pipa della pace che l'unione sia buona – e che porti dei buoni frutti nel cuore.

Puoi fare la cerimonia della pipa della pace con chiunque, non solo con le persone con le quali hai dei conflitti. Puoi compierla in un cerchio per celebrare la comunità.

Il respiro della vita

Ogniqualvolta termino una preghiera o un canto, espiro. Questo è il respiro della vita che offro per rendere viva la preghiera o il canto. Non sappiamo dove vanno le nostre preghiere. Ma quando dai loro l'alito della vita, vivranno, e gli angeli le raccoglieranno per poi farle giungere proprio là dove devono arrivare. Le tue preghiere saranno vive nei cuori degli uomini.

La stessa cosa vale per il bacio. Quando uno sciamano lavora con te e ti dà un bacio, lo fa per rendere vivo ciò che ti ha dato. Gli Anziani sapevano perché. Non solo nella mia patria. Quasi tutte le religioni conoscono il significato del respiro della vita: un gesto molto semplice, un soffio. Non c'è bisogno di altro.

La capanna sudatoria

Gli Anziani dicevano: «Uomo o animale: nella vita ci vuole pulizia. Devi tenere pulito il tuo corpo». Ma nel nord questo è più facile da dire che da fare. Come fai a lavarti a -50°? Perciò chiesi come fare. Risposero: «Hai visto gli animali? Si fanno il bagno in continuazione». Chiesi: «Come? Non capisco». Dissero: «Hai visto gli animali? Si leccano per tenersi puliti». Perché la parte più pulita del nostro corpo è la bocca. Noi uomini, però, non possiamo leccarci tutto il corpo. Non siamo abbastanza agili. Ma possiamo fare un'altra cosa: possiamo celebrare una cerimonia. Possiamo pulire contemporaneamente il nostro corpo e il nostro spirito. Per questo motivo esiste la cerimonia della capanna sudatoria.

In Groenlandia abbiamo delle capanne sudatorie fisse. Quando non ce ne sono, scaviamo un buco, e intorno a questo buco costruiamo una capanna fatta di pelli e coperte. Nella capanna regna la notte. È buio pesto. Poi scaviamo un buco di fronte alla capanna.

Lì accendiamo un fuoco. Nel fuoco scaldiamo delle pietre. Quando sono roventi, il guardiano del fuoco, con l'aiuto di una forca, le porta dentro la capanna, le adagia nel buco, poi vengono bagnate con acqua. La capanna si riempie di vapore che pulisce la tua pelle, pulisce il tuo corpo. Ma non solo. Nella capanna sudatoria, non sei solo seduto, sei seduto in preghiera. Sei seduto lì e parli col Creatore. Così purifichi il tuo spirito. All'interno di essa pulisci sia lo spirito che il corpo. Questo è il senso della capanna sudatoria.

La capanna sudatoria è una cosa molto particolare. Porti dentro delle pietre. Sulla terra c'è una quantità innumerevole di pietre. Alcune vengono dal Grande Cielo, ma la maggior parte proviene dall'interno di Madre Terra. Di questo parla la saggezza degli Anziani. Essi dicono: «Quando un uomo muore, minuscoli animali si nutriranno del suo corpo. Questi minuscoli animaletti saranno mangiati da animali più grandi. Ma anche gli animali grandi moriranno e diventeranno nutrimento per le piante. E quando muoiono le piante, diventano nutrimento per il mondo minerale». Quindi, nelle pietre abita lo spirito dei tuoi antenati. Quando trovi una pietra, la scaldi nel fuoco e la bagni con acqua, lo spirito degli antenati riprende vita. Entra in te. Ti eleva e, dopo esserti pulito nel corpo e nello spirito, uscirai eretto dalla capanna sudatoria. Camminerai eretto e vigoroso – così com'è il tuo destino – ora e per sempre.

Ti puoi immaginare che ci vuole una grande accuratezza per trovare le pietre giuste. Cammini attraverso la vasta campagna, cammini e preghi di riuscire a trovare una pietra buona. La troverai. La coglierai solennemente, e la porterai alla capanna sudatoria. Portandola là diventerà un nonno – non il tuo nonno, ma uno spirito che visse prima di te qui sulla terra. Lo onori accendendo un fuoco bello e magnifico. Un fuoco che ha la forza di rendere rovente il nonno. Poi lo porti dentro, e la cerimonia inizia. Tutti i presenti nella capanna sudatoria lo salutano: «Benvenuto a casa, Nonno!» E gli dai da bere e il suo spirito riempirà la capanna.

Ogni pietra ha il suo nome. Le prime sono le più importanti.

Sono il fondamento per tutte le altre. La prima pietra è la "fusa". Deriva dal cuore della terra. Perciò simboleggia la terra, il terreno che sostiene tutti noi. La seconda viene dall'est – dove sorge il Sole e dove tutto cominciò. La terza viene dal sud, dove il Sole ha la sua posizione più alta. La quarta indica l'ovest, dove il Sole tramonta. La quinta pietra è quella del nord e della notte: nascita, gioventù, età matura, vecchiaia. Poi viene la sesta pietra: simboleggia il tuo lato fisico. La settima è la pietra per lo spirito. Queste sette pietre creano le fondamenta della capanna sudatoria. Senza di esse non puoi svolgere la cerimonia.

Nella capanna sudatoria sei seduto per terra – nel cerchio con altri. A volte ci sono solo uomini, a volte solo donne, a volte sono insieme. È un posto intimo. Tuttavia la puoi condividere con tutti. Durante i miei viaggi attraverso la Groenlandia, molto spesso condivido la cerimonia della capanna sudatoria. Non ho bisogno di conoscere meglio le persone. Nell'oscurità tutti sono uguali.

La capanna sudatoria è l'utero di Madre Terra. Là puoi essere completamente ciò che sei. Là non sono lo sciamano, là sono… io – nudo, innocente, impotente. Torno nella patria. E quando, alla fine, esco dalla capanna, sono rinato. Cammino eretto e vigoroso – così come il Creatore mi ha fatto.

La cerimonia può durare delle ore. Quando comincia, la persona che guida la cerimonia, dirige lo spirito dei presenti prima verso est: da dove viene la luce e dove ha inizio la vita. Volgendoti verso est dirigi il tuo spirito verso i giovani. Pensi ai bambini, ai neonati e a quelli che nasceranno. Li pensi e li onori pregando per loro. Preghi per loro e i loro genitori – per i genitori naturali e per i genitori spirituali. Poi ti giri verso sud, verso mezzogiorno, e pensi agli adolescenti – alla loro vitalità, ai loro giochi e balli, alla loro spensieratezza, dato che il Sole è allo zenit e tutto è leggero e luminoso. Li onori e preghi per loro. A ovest sei con te stesso: con la tua famiglia, tua moglie, tuo marito, le tue responsabilità e il tuo lavoro. Infine, a nord, ricordi i vecchi. Li onori e preghi per loro: che possano andarsene bene, quando il loro momento sarà giunto. E che trovino delle orecchie che ascoltino le loro storie.

Mediti su tutte le stagioni della vita. Poi parli degli uomini del tuo mondo: le madri incinte, i neonati, i bambini, i ragazzi e le ragazze, gli adulti e i vecchi. Racconti di coloro che conosci, e altrettanto fanno gli altri. Così, a volte, possono passare delle ore.

Nella capanna sudatoria non ricordi soltanto gli uomini del tuo mondo, ma tutti gli uomini. Gli uomini formano un unico cerchio che non ha né inizio né fine. Segue il percorso del Sole dall'est mattutino, dove vivono gli uomini gialli, attraverso il sud dove vivono gli uomini bianchi, e l'ovest dove abitano gli uomini rossi, fino alla notte dov'è la patria dei neri. Anche tu appartieni a questo cerchio. Non sei solo. Anche nella capanna sudatoria non sei solo. Tutta l'umanità è presente.

Sei seduto con altri nel cerchio. Tutte le età della vita sono presenti. Sì, l'intero cosmo è presente nella capanna sudatoria: non pensiamo soltanto agli uomini, ma anche alle stagioni: la primavera nell'est, l'estate nel sud, l'autunno nell'ovest, e l'inverno nel nord. Anche tu hai le tue stagioni: la tua primavera, la tua estate, il tuo autunno, il tuo inverno. Racconti delle stagioni della tua vita, e tutti ti ascoltano. Hai un tempo per la crescita, un tempo per la fioritura, un tempo per il raccolto, e un tempo per il riposo.

Nella capanna sudatoria parli di tutto questo. Non parli agli altri. E gli altri non commentano quello che dici. Ti onorano con il loro silenzio. Tacciono, mentre tu parli al Creatore. I vecchi dicono: «Il Creatore è talmente grande che puoi dirgli tutto». Parli al tuo Creatore in presenza degli altri. Non li vedi, ma li puoi sentire. Non ti vedono quando arrossisci. Non vedono le tue lacrime, quando piangi davanti al tuo Creatore. Ma sentono la tua tristezza. Sentono la tua vergogna. Puoi parlare liberamente, sei solo, ma nello stesso tempo supportato. Puoi tacere, sei solo, ma nello stesso tempo sostenuto.

La capanna sudatoria è un posto intimo – un posto per un colloquio stretto con il Creatore, un posto di contemplazione, un posto di quiete. Ma è anche un posto per ridere. Nella capanna sudatoria puoi essere sciocco. Là dentro puoi sentire le storie più pazzesche. A volte ridi a crepapelle, a volte piangi silenziosamente.

Quando penso alla cerimonia della capanna sudatoria, sono profondamente toccato dalla sapienza e dalla saggezza dei vecchi che ci hanno trasmesso questo dono. Mi chiedo: come facevano a sapere tutto questo? Credo che abbiano semplicemente *sentito* la bellezza. La bellezza è l'espressione della saggezza. Anche tu la puoi *sentire*.

Il sorgere del Sole

Le Anziane dicono: «Quando tramonta il Sole, l'oscurità cala su di noi – un'oscurità nella quale non possiamo più vedere la nostra bellezza». Ma, come dicono, per noi è molto importante poter vedere la nostra bellezza. Perciò, quando scende il Sole e la notte avvolge la nostra vita col buio, accendiamo un fuoco; per questo lo accendiamo quando l'oscurità nasconde la nostra bellezza. Accendiamo un fuoco per poterci vedere, anche nella notte, nella nostra bellezza – finché arriva la mattina e la luce ritorna. All'alba il fuoco si spegne e tutto viene illuminato dai raggi del Sole che sorge. Il cambiamento dal fuoco alla luce del Sole ci permette di percepire sempre la nostra bellezza.

Accendendo un fuoco di notte, il suo calore scalderà il corpo. Così attraversiamo la notte. Quando all'alba il fuoco si spegne, il calore del Sole ci toccherà. Tutto ciò accade perché noi possiamo sempre percepire la nostra bellezza.

Il profondo significato del sorgere del Sole mi si rivelò nel 1963. In quell'epoca, mio padre lavorava per il governo a Nuuk. Era molto informato e sapeva sempre chi andava e veniva nella città. Un giorno ci disse che un Anziano sarebbe venuto da lontano. Ci invitava a offrirgli il nostro aiuto e a supportarlo in qualsiasi modo.

Non so perché, ma quella sera stavo passeggiando per le strade di Nuuk quando incontrai l'Anziano. Aveva con sé il suo bastone.

Andai da lui e gli dissi che mio padre mi aveva incaricato di fornirgli tutta l'assistenza di cui aveva bisogno. Annuì e mi pregò di accompagnarlo all'ufficio postale che si trovava solo a pochi metri. Lo aiutai a salire le scale, ed entrammo. Nell'ufficio c'era una donna che non era della Groenlandia e non parlava la nostra lingua. Perciò il vecchio mi pregò di chiedere alla donna se c'erano delle lettere per lui. Ella controllò, e trovò davvero una lettera per lui. Mi diede la lettera, e io gliela passai, ma l'uomo me la rese chiedendomi di aprirla e così feci; dopo che l'ebbi aperta, mi disse: «Ti dispiacerebbe leggermela?»

Naturalmente lo feci con piacere, e così mi ritrovai nell'ufficio postale di Nuuk a leggere una lettera molto personale a un Anziano che non conoscevo nemmeno. Mi ricordo ancora molto bene di quelle righe. Erano scritte con una bellissima calligrafia – e portavano un testo meraviglioso, poetico. La lettera era di sua moglie. Gli scriveva: «Ai tuoi figli manca il suono della tua voce e la tua presenza nella nostra vita». E alla fine aveva aggiunto: «Anche a me manchi». Era bellissimo. La lettera finiva con le parole: «Sarò felice di rivederti sano e salvo a casa». Dopo aver finito di leggere, piegata la lettera, la misi nella busta, e gliela ridiedi. Mi ringraziò e mise la mano in tasca per tirare fuori un moneta da 5 corone. Era una moneta speciale, coniata dal re danese in occasione di una spedizione per documentare vita e tradizioni della Groenlandia orientale.

Mi diede questa moneta. Poi rimase fermo per un attimo e disse: «Sai che vengo dal paese dove gli uomini vedono come prima cosa al mattino il sorgere del Sole». E continuò: «Quando il Sole sorge, arriva con un ruggito fortissimo. Quando stai lì e osservi il sorgere del Sole, ti senti piccolissimo dentro l'immenso creato. Perciò, durante la cerimonia del sorgere del Sole, intoniamo un canto dalla profondità dei nostri polmoni. Cantiamo con tutta la nostra forza. La tua voce deve essere più forte del ruggito, affinché il Creatore ti possa sentire. Per questo motivo» diceva, «vorrei darti una canzone della mia patria».

Così accadde che, nell'anno 1963, sentii per la prima volta un canto di una persona che non apparteneva alla mia famiglia. Nell'ufficio postale di Nuuk! Questo Anziano dalla Groenlandia orientale stava là e cantava. Mi guardai intorno e vidi alcune persone. Erano ben sorprese, quando quest'uomo cominciò a cantare con tutta la sua forza. Era incredibile, era commovente. Più tardi venni a sapere che questo canto era la prima canzone eschimese registrata su un supporto audio.

Ricorda: la cerimonia del sorgere del Sole ha un grande significato. Ti ricorda sempre di nuovo che dobbiamo percepire la nostra bellezza.

I doni della vita

L'anima

Hai un'anima eterna. Ogni essere umano ha un'anima eterna. Quando l'uomo ricevette gli insegnamenti, si sollevò dal regno animale. Da allora ognuno di noi ha un'anima umana.

La tua anima è indistruttibile. La sua forza è incommensurabile. Mai viene coinvolta in cattivi pensieri o sentimenti. Non può ammalarsi. Non può morire. Quando il tuo corpo morirà salirà nel Grande Cielo. Là danzerà come aurora boreale tutte le volte che un uomo sulla terra si ricorderà di te. Esattamente come le anime dei morti danzano per te come aurora boreale, quando tu li ricordi.

Rammenta: ogni essere umano ha un'anima eterna. Ognuno. Ognuno dei sette miliardi che vive oggi; ognuno dei sette miliardi che ha camminato sulla terra fin dall'inizio dell'umanità. E ogni anima – sia quella dei morti sia quella dei vivi – è felice quando qualcuno si ricorda di lei.

Il miracolo della vita

Mia nonna Aanakasaa amava strofinarsi il palmo della mano sinistra e mettermela davanti agli occhi come uno specchio. «Chi vedi?» mi chiedeva. Voleva che riflettessi chi sono. Voleva che comprendessi che sono un'immagine del Creatore. Voleva che comprendessi che tutti noi siamo immagini del Creatore. Ma noi, ce ne rendiamo conto? No, non lo facciamo. La maggior parte di noi non si è mai neanche posta la domanda: «Chi sono?»

Gli Anziani dicono: «Sei il miracolo più grande del mondo». Non perché sei *tu*, ma perché *vivi*. E posso dirti una cosa? È vero: tu sei il miracolo più grande del mondo. Perché vivi qui e ora. Milioni di persone hanno vissuto prima di te. Ma tu vivi adesso – in questo tempo di trasformazione. Che meraviglia, che dono, vivere in questo tempo! Ma la maggior parte degli uomini non ne è consapevole. Pensano: be', è l'anno 2012, il Sole scende, fa freddo, che cosa mangiamo per cena?

Abbiamo dimenticato il potere che è stato dato a ognuno di noi. Abbiamo perso il senso del miracolo della nostra esistenza.

La responsabilità dei popoli

I vecchi dicono: ogni colore di pelle sulla terra ha la sua propria responsabilità spirituale. Così mi ha insegnato mia nonna. Diceva: «Il Sole sorge a est, e lì brilla con una luce gialla. Perciò gli uomini gialli vivono nell'est. Loro hanno il compito di prendersi cura della terra».

Ma quando vai oggi nell'estremo oriente, dove vivono gli uomini gialli, vedrai che non hanno adempiuto a questo compito spirituale. Molti anni fa, ho celebrato una cerimonia del sorgere del Sole in Cina, nella provincia di Canton. Quando il Sole si alzò, il cielo si colorò di rosa. Quel giorno, capii che gli uomini gialli non avevano assolto la loro responsabilità spirituale. Non si sono presi cura della terra. Oggi sappiamo che sono stati i primi a cuocere la terra per estrarne dei minerali. Così hanno distrutto l'ambiente. E così è rimasto. Non si prendono abbastanza cura della terra.

Nel sud il Sole sta al suo punto più alto sopra le nostre teste e brilla sempre con una luce bianca. Perciò nel sud vivono gli uomini bianchi. Quando il Sole è allo zenit, fa le ombre più piccole. Per questo motivo i bianchi hanno la responsabilità di eliminare le differenze tra gli uomini: di coltivare l'uguaglianza e il rispetto. Ma i bianchi non hanno assolto questo compito. Invece hanno organizzato delle spedizioni di conquista. Uno sguardo sul mondo con tutte le sue differenze sociali ed economiche ti fa capire che gli uomini bianchi non adempiono alla loro responsabilità spirituale.

Nell'ovest, dove il Sole scende col colore rosso, vivono gli uomini rossi. Ne faccio parte anch'io. Le nostre facce brillano nel rosso caldo, quando guardiamo il tramonto del Sole. Col tramonto comincia la sera – il tempo per mangiare e festeggiare insieme. È il tempo per rilassarci e godere la bellezza della pace. Ma questa pace non esiste ancora, diceva mia nonna. Le chiedevamo perché. Diceva: «Perché l'uomo rosso litiga con l'uomo rosso su chi ha le cerimonie migliori». Così abbiamo imparato che anche gli uomini rossi non hanno assolto la loro responsabilità.

Quando il Sole è sceso, va nel nord, e tutto diventa nero. Mia nonna diceva che la responsabilità dell'uomo nero è di assicurare che ogni donna e ogni uomo possano dormire tranquilli durante la notte. Ma quando guardi il Paese dei neri vedrai che là c'è la guerra dappertutto. Così capisci che anche gli uomini neri non hanno assolto la loro responsabilità.

Ora chiederai: di che cosa abbiamo bisogno tu e io per poter assolvere i nostri compiti spirituali? Nell'est gli uomini gialli non si prendono cura della terra. I bianchi nel sud creano disuguaglianza invece della parità dei diritti. Nell'ovest, dove il sole tramonta, gli uomini rossi non procurano più la pace, ma litigano su chi ha le cerimonie migliori. E i neri? Pensa: dappertutto nel mondo gli uomini si chiudono dentro le loro case quando scende la notte. Perché? Perché non si fidano dei loro vicini. In una città come New York trovi milioni di persone che, di notte, trasformano le loro case in prigioni.

Sono dei prigionieri dentro le loro stesse mura. Perché non si fidano dei loro vicini. Nessuno di noi ha assolto la propria responsabilità spirituale. Allora, come dobbiamo comportarci per farlo? Questa domanda è stata posta da sempre – in tutto il mondo, da tutti gli uomini appartenenti ai quattro diversi colori di pelle.

Le piume

Mia nonna Aanakasaa aveva sempre l'ala di un uccello a portata di mano, per pulire la terra. Spesso l'ho vista farlo davanti a casa sua. Spazzava il terreno, poi sollevava la piuma al cielo – senza dire una parola. Quando chiedevo: «Nonna, cosa stai facendo?», rispondeva: «Be', ho pulito la terra perché ti accolga bene, quando ci cammini sopra». Io pensavo: «Wow! Con l'ala di un uccello pulisce la terra, affinché io possa camminare in un modo buono».

Ma questo non è tutto. Prendeva l'ala e scuoteva le piume su di noi. Diceva: «Per cambiare la tua energia». E infatti: sentivo l'aria che mi penetrava e cambiava qualcosa dentro di me. Subito diventavo più consapevole di me stesso. L'energia cambiava, e tutto aveva un altro aspetto. A seconda di come lo faceva: a volte in modo prudente e dolce, a volte con forza e impeto. Questo dipendeva in che modo mi presentavo da lei: se mi mancava l'equilibrio interiore o se avevo bisogno di una scossa.

Diceva: «Quando espandi le tue ali, è come se cominciassi a volare». Aveva in mano soltanto una piccola piuma e stendeva il braccio. Ma potevo sentire che era in grado di librarsi in aria. Diceva: «Tu e io non potremo mai volare. Ma possiamo veleggiare come l'aquila – e riconoscere l'immensità dentro di noi. La più grande distanza nella vita dell'uomo non è quella da qui a là o da lì a qua. No, la più grande distanza nella vita dell'uomo è quella dalla sua mente al suo cuore. Solo se riesce a superare questa distanza, imparerà a veleggiare come un'aquila e a percepire la sua immensità interiore».

Veleggiare non significa perdere l'aderenza al suolo e levarsi. Significa allargare il tuo orizzonte e imparare a conoscerti meglio. Significa: aprire le ali e lasciarsi portare. Non hai la capacità di volare, ma puoi affidarti a te stesso e lasciarti portare dalla vita a nuove altezze – a nuove altezze della tua coscienza, su un altro piano della realtà dentro di te. Più sei sicuro di te stesso, meglio puoi veleggiare sulle ali del tuo spirito. Con soltanto una piuma. Immaginati la forza se veleggiassi con un'ala intera.

Una volta, stavo camminando con mia moglie quando lei mi toccò all'improvviso e disse: «Guarda!» Guardai e vidi, a pochi metri davanti a noi sulla destra, un'aquila di mare bellissima, di un colore bruno-nero. La ammirammo e ci bisbigliammo: «Grazie, grazie che ci ricevi». Cominciai a raccontarle della mia vita, di mia moglie, della mia famiglia, dei miei Anziani. Essa rispose: «Devi sapere che gli animali rispondono sempre, quando parli con loro». Terminato il nostro colloquio, si alzò. Aprì le sue ali e saltò. Nient'altro. Lo poteva fare, perché aveva sentito il vento. Senza questa sensibilità per il vento avrebbe dovuto sbattere le ali per muovere l'aria. Invece, così poteva semplicemente partire veleggiando. In un modo leggerissimo, senza impiego di energia. Si lasciava semplicemente portare, nella fiducia e nella conoscenza che l'aria l'avrebbe sostenuta. Questo vuole dire veleggiare.

Quando qualcuno ti regala una piuma, ti vuole dire: «Riconosci te stesso! Affidati a te stesso! Veleggia! Con grande consapevolezza della tua forza e della tua bellezza». Ti regalerà la piuma perché ha riconosciuto il potenziale che sta dormendo dentro di te. E a seconda del tipo di potenziale ti regalerà la piuma di un falco o di un'oca artica, di un'aquila o di un lagopo. Nessuno regala una piuma senza motivo. La regali soltanto quando hai riconosciuto il potenziale di una persona e vuoi aiutarla ad appropriarsene. Quando vuoi aiutarla a riconoscersi, ad apprezzarsi – ad amarsi. Affinché possa lasciarsi portare dalla sua propria forza e potenza, così come la grande aquila si lascia portare dall'aria.

I regali

Da noi al nord i regali sono molto importanti. Ci sono diversi modi per fare un regalo. Talvolta regaliamo qualcosa ai nostri cari per farli felici. In questa occasione, tutta la famiglia si raduna intorno al regalo. Tutti vogliono sapere che cos'è. È sempre una festa, quando qualcuno fa un regalo. Ma ci sono anche regali differenti: regali che danno una direzione. Questi sono i doni di chi, nella vita, è andato più lontano di te. Sono i doni di chi guarda dentro al tuo cuore e vi riconosce un potenziale che sta ancora dormendo dentro di te. Sono i doni che ti mettono davanti a un compito.

Da noi nessuno diventa un Anziano senza aver ricevuto prima un tale dono. Nessuno diventa un Anziano senza che gli sia stato chiesto. Ci vuole qualcuno che ti veda: che riconosca dentro di te il potenziale per essere un Anziano. Quindi ti farà un regalo – perché tu possa riconoscere il potenziale che è in te e sentire la responsabilità di doverlo assolvere. E quando accetti il regalo, accetti anche la responsabilità di essere all'altezza del dono – e del tuo potenziale. Dichiari che vuoi renderti degno di esso e di te stesso. In questo modo, quando accetti una piuma, diventa la dimostrazione della tua disponibilità e la tua responsabilità di elevarti a nuove altezze interiori.

Hai mai visto l'ornamento di piume di un indiano pellerossa nordamericano? Quale meraviglia e che moltitudine di colori! In esso puoi riconoscere la dignità e la responsabilità dell'uomo. Molte persone gli hanno offerto delle piume. Molti hanno visto la sua forza e bellezza interiore. Ed egli ha il coraggio di accettare la responsabilità che gli è stata data. Di questo racconta il suo ornamento di piume.

Alcune piume gli sono state date da individui, altre dalla comunità della sua tribù. Testimoniano una grande responsabilità.

Dapprima mi sono rifiutato di essere uno sciamano. Perché essere sciamano significa prendersi una grande responsabilità. Mi ricordo com'era difficile per me, quando mi fu chiesto per la prima volta di essere un Anziano. Tre famiglie mi avevano offerto questa dignità e mi avevano dato un regalo corrispondente. Allora avevo quarantaquattro anni. Il regalo era ancora impacchettato. Lo presi e lo portai in viaggio fino a Nuuk – cinquemila chilometri, per chiedere a mia madre cosa dovessi fare. Ella lo prese in mano, lo annusò, lo guardò da tutti i lati, lo annusò un'altra volta e me lo rese. Poi disse: «Figlio, devi imparare a mostrarti degno di essere un Anziano. Devi crescere per poter assolvere questo compito». Risposi: «Va bene, ma come faccio?» Mi guardò e disse: «Figlio, devi imparare a crescere in questo compito e a mostrartene degno». Poi se ne andò.

Adesso ho più di sessant'anni. Da quasi vent'anni sono un Anziano. Ho viaggiato in tutto il mondo, ma non ho trovato nessuno che sapesse darmi la risposta a come potessi crescere in questo compito e mostrarmene degno. Sto ancora cercando la risposta. Un giorno lo saprò, ma ancora non ci sono arrivato.

Quando divenni sciamano, fu la stessa cosa. Gli Anziani della famiglia mi chiesero se volessi diventare il loro sciamano. E mi diedero un regalo impacchettato. Mi portai dietro il regalo per molto tempo, perché mi concessero nove mesi per ponderare se volevo accettare il compito e aprire il regalo. Per nove mesi mi chiesi: lo faccio o non lo faccio? Da solo salii su un monte per parlarne col mio Creatore. Gli raccontai tutto di me, ma quando iniziai a scendere, ancora non sapevo la mia risposta. Quindi scesi e tornai nella casa dove tutti mi stavano aspettando. Mia sorella chiese: «Allora, Angaangaq, lo aprirai?» Volle sapere che cosa avevo deciso. Ma risposi: «Mia cara, sto ancora meditando se aprirlo o no». Perché ero veramente diviso. Ma poi sentii l'impulso di aprirlo, e lo feci. Nessuno diceva una parola; tutti mi guardavano con un amore che chiunque avrebbe potuto percepire. Piangevo. Cos'altro avrei potuto fare? Perché avevo accettato una grande responsabilità: la responsabilità di assolvere il mio compito come sciamano – di crescere dentro e di mostrarmi degno di esso.

Devi sapere: quando qualcuno ti dà qualcosa, e tu lo accetti, accetti anche la responsabilità. Dai la promessa di volere crescere e maturare.

È un peccato che voi uomini dell'occidente abbiate dimenticato il significato del regalare. Fate dei regali per Natale o per il compleanno – e tutto finisce lì. Ma avete completamente disimparato come accogliere un regalo. Dite: «Grazie». O ancora peggio: «Oh, ma non ce ne sarebbe stato nessun bisogno». O non vi regalate più niente – e ne siete addirittura orgogliosi. A me questo fa venire una grande tristezza, perché mi fa capire che avete perso la relazione tra di voi. Quando due persone non si regalano niente, significa che il loro rapporto si è spento. Non è terribile?

Il mio vecchio insegnante nel paese dei Mohawk diceva: «Tutto si muove in cerchio. Quello che dai, ti ritornerà. Se lo dai in modo buono, ti tornerà mille volte in modo buono». Ed era tutto entusiasta di aver trovato la stessa verità anche negli insegnamenti di Gesù: «Come seminate, così raccoglierete!» La cristianità ha soltanto duemila anni. Il mondo indigeno è molto più antico. Gesù e noi attingiamo alle stesse sorgenti. Attingiamo alla stessa, semplice bellezza della vita.

La "medicina"

Un dono è sempre anche un rimedio – una *medicina*. Perché dà una direzione alla vita. Una volta consegnai una penna a un giovane. Vedevo in lui il potenziale di veleggiare. Quando aprirà le ali del suo spirito e si eleverà a nuove altezze interiori, non lo so. Nessuno lo sa.

Sarà lui a decidere. Sarà lui ad accettare la responsabilità per questa *medicina*. Ma io vedo in lui il potenziale di crescere fin là. Un giorno aprirà le sue ali e si mostrerà degno della penna che gli ho dato. E veleggerà. Si avvicinerà a se stesso. E quando un giorno lo incontrerò, saprò se avrà imparato questa lezione. Saprò se la penna l'ha aiutato a trovare se stesso – e a trovare l'equilibrio con se stesso.

Sappi però: ti posso aiutare dandoti una *medicina*. Ma il lavoro lo devi fare tu. Ti posso dare una penna, ma sei tu che devi aprire le ali. Io ti posso soltanto invitare. E quando ti invito, devo essere molto consapevole. Devo conoscere il significato della *medicina*, e devo sapere in quale direzione ti può guidare.

Chi ha accolto una *medicina*, la porta sempre con sé – non come ornamento, ma come ricordo di quello che deve sviluppare, per il quale ha preso la responsabilità. Sono un uomo vecchio. Ho ricevuto tantissime *medicine* nel corso della mia vita. Quando, a casa mia, faccio le mie cerimonie, me le guardo, e penso: quale compito c'è davanti a me? Che cosa devo fare? Che cosa voglio raggiungere? E mi metto la *medicina* adatta. Un tempo le ho accolte, ho accettato il regalo. So che ora è il momento di fare un altro passo per la mia crescita interiore. E poi scelgo. A volte porto la *medicina* della foca, a volte quella dell'orso polare.

Donare una *medicina* non è una cosa che compete a chiunque. Compete soltanto a coloro che hanno guardato la vita nelle sue profondità – che sono veramente in grado di riconoscere il potenziale di un'altra persona. Non c'è bisogno di essere uno sciamano, neanche un uomo di medicina. Anche tu puoi farlo. Ma solo a condizione di essere molto scrupoloso e di guardare molto bene – con un cuore amorevole e una grande attenzione – quello che è dormiente in una persona. Ed è molto importante che consegni la *medicina* con dignità – con rispetto e ammirazione per colui o colei che vuoi onorare. Lo puoi fare, anche come uomo del mondo occidentale. Ma stai attento al tuo atteggiamento interiore. E assicurati che colui o colei a cui offri la *medicina*, sia pronto/a a comprendere veramente il suo significato. Spiega con grande chiarezza quello che stai facendo, affinché sia coloro ai quali offri la *medicina*, sia tutti i presenti possano capire.

Prima di offrire una *medicina* a qualcuno, guardo molto bene la persona e sento profondamente dentro di lei; per poter vedere il suo potenziale e per capire quale direzione debba prendere per arrivare alla sua fioritura. Per questo motivo dono una *medicina* soltanto in occasioni particolari. È importante per me che siano presenti altre persone che testimonino che consegno una *medicina* – persone alle quali devi rispondere quando ricevi la *medicina*. Persone che sono disponibili a sostenerti nel mostrarti degno del dono che hai ricevuto.

Questa tradizione è rimasta viva in Groenlandia. Quando qualcuno riceve un regalo o una *medicina*, tutti accorrono per vedere. Avevo sei o sette anni quando ho ricevuto la mia prima *medicina*. Era l'ala di uno zigolo delle nevi. L'ho portata per molti anni. E tutta la mia famiglia mi aiutava a rendermene degno: a essere chi annuncia la buona notizia dell'arrivo del nuovo anno. Nel corso del tempo ha perso tutte le piume, ma la responsabilità mi è rimasta: annunciare l'inizio del tempo nuovo.

Hanno ragione i vecchi quando dicono: quando usi bene una *medicina*, ti dà forza. Ma quando la usi male, ti uccide. Così è per il tabacco, ma anche per il fuoco. Ti può bruciare, ma ti può anche scaldare e illuminare. Così è per l'acqua: usata bene porta la vita, ma può anche annegare tutto.

Non soltanto gli uomini ti possono offrire una *medicina*. Lo può fare anche Madre Terra, o un animale. Quando un'aquila veleggia sopra di te e lascia cadere una penna, ti consegna un grande regalo. Raccoglila e ringraziala per l'orientamento che ti dona. E mostrati degno del suo dono. Pensaci: nessun uccello vola così in alto come l'aquila. Se ti vede e ti chiama lo fa perché sa che c'è un ostacolo sulla tua strada. Ma noi abbiamo disimparato a capire il suo linguaggio. Nello stesso modo abbiamo disimparato a comprendere i doni della natura come medicinali che ci fanno vedere la strada dentro noi stessi. Ma se celebro la vita come una cerimonia, coglierò la penna che l'aquila mi ha gettato, e dirò: «Sì, starò più attento a me stesso». Se attraverso il mondo con attenzione, vedrò un'indicazione addirittura nella penna di un passero. Perché il passero è un animale incredibilmente forte, e anch'esso mi ha dato una penna affinché possa nuovamente veleggiare ed elevarmi a nuove altezze. Affinché possa riconoscere chi sono e dove devo andare per trovare la mia casa.

È veramente un peccato che gli uomini dell'ovest non capiscano più la lingua della natura – che non sappiano neanche che esiste. Poco tempo fa, mentre passeggiavo per Berlino, trovai una penna completamente stropicciata. Non era più riconoscibile a quale uccello fosse appartenuta. La raccolsi e dissi: «Grazie». Questo uccello aveva lasciato cadere una sua penna. Ma nessuno l'aveva notato. Nessuno dei tre milioni di persone di Berlino. La raccolsi, soffiai l'alito della vita su di essa e dissi: «Grazie». Perché qualcuno nel mondo degli animali mi aveva detto: «Stai attento a te! Fallo meglio». E capii: «Sì, lo farò meglio. Sarò più consapevole. Crescerò spiritualmente».

L'artiglio della foca

Tempo fa, a Berlino, incontrai una donna che aveva fatto un viaggio in Groenlandia. In un negozio per turisti aveva acquistato un *Ussuk* – l'artiglio della foca. Era molto simile a quella che porto al collo come *medicina*. La vidi e dissi: «Oh, com'è bello!» Ma mentre lo dicevo sentivo che lei non aveva nessun'idea del significato dell'*Ussuk*. Era diventato un souvenir, un gioiellino che le rammentava il suo viaggio, ma del quale non capiva nulla. Non sapeva niente della responsabilità che si era assunta portando l'artiglio di una foca. Non sapeva quale direzione questa *medicina* avrebbe potuto dare alla sua vita.

Capii in quel momento come abbiamo perso il rapporto con il senso della vita – come le nostre vite sono diventate vuote, perché gli oggetti hanno perso il loro significato; e noi abbiamo dimenticato le cerimonie: le cerimonie che possono ricordarci sempre di nuovo il senso e la bellezza della vita.

Quella donna non sapeva che *Ussuk* significa: sono capace di salire sul monte più difficile. Come la foca che, con i suoi artigli, riesce a superare anche l'iceberg più ripido, così anch'io posso vincere l'ostacolo più grande e posso superare i compiti più difficili. Questo è ciò che questa *medicina* mi esorta a fare, ciò di cui mi rende responsabile, per cui mi fa crescere. Quando mi è stata donata, l'ho accettata. Adesso mi appartiene. Essa mi dice: sì, sei in grado di arrampicarti; sì, sei in grado di vincere la salita più ripida e scivolosa. Questo dona una grande forza.

Lo strumento del Grande Cielo - Qilaut

Un giorno arrivò un vecchio sciamano – un Angakkoq – e tutti gli abitanti del villaggio si riunirono. Lo sciamano fece un viaggio interiore. Viaggiò nel mondo inferiore – e una volta tornato, raccontò chi aveva incontrato, che cosa aveva visto, conosciuto e sentito. Il mondo inferiore non è una regione della terra. È il mondo sotto la superficie della tua vita quotidiana. È il mondo dei tuoi istinti, delle tue emozioni represse, il mondo delle tue ombre che non vuoi vedere e che nascondi davanti agli altri. È il mondo della tua pancia.

Ogni essere umano possiede questo mondo inferiore. Tuttavia nessuno lo visita, tranne gli sciamani. Loro scendono laggiù. Quando ritornano, ci raccontano chi hanno incontrato – e avranno incontrato tanti nel tuo e nel mio mondo inferiore; ci raccontano quello che hanno visto – e avranno visto molto di quello che tu e io abbiamo fatto, ma che noi non vogliamo guardare; raccontano quello che hanno conosciuto – e ci sarà molto, perché saranno venuti a conoscenza di quello che tu e io abbiamo vissuto, ma che noi non vogliamo più sapere; raccontano quello che hanno sentito – e avranno sentito molto di quello che tu e io abbiamo fatto, ma che noi non vogliamo più sentire. Noi, però, siamo come i bambini: vogliamo sapere quello che loro hanno sentito, il resto non ci interessa. Perciò lo sciamano raccontò quello che aveva sentito nel mondo inferiore.

Dopo aver viaggiato nel mondo inferiore, lo sciamano partì per viaggiare nel mondo degli uomini. Questo è il mondo della tua testa, il mondo della tua mente e della tua consapevolezza quotidiana. Qui ha molto da fare. Pensa solo quante persone esistono solamente nel tuo mondo: tutte le persone che tu conosci. Quando uno sciamano viaggia nel tuo mondo, le incontrerà. E quando ritornerà dal suo viaggio, ti racconterà chi ha incontrato nel tuo mondo, che cosa ha visto, che cosa ha conosciuto – e che cosa ha sentito. E di nuovo, noi siamo come i bambini: la cosa che ci interessa di più è quello che lui ha sentito. Il resto ci sembra marginale. Perciò lo sciamano raccontò che cosa aveva sentito nel mondo degli uomini.

Alla fine lo sciamano partì per il viaggio nel Grande Cielo – non nel grande cielo sopra di te con tutte le sue stelle, ma nel Cielo dentro di te. Nel Grande Cielo del tuo cuore. Quando uno sciamano viaggia nel Grande Cielo dentro di te e ritorna, ti racconta chi ha incontrato là, che cosa ha visto e che cosa ha imparato. Sarà tantissimo perché c'è molto da conoscere nel tuo cielo. Di nuovo siamo come i bambini: la cosa che ci interessa di più è quello che lui ha sentito. Il resto ci sembra di poca importanza. Lo sciamano però non potrà dirti che cosa ha sentito nel tuo cielo. Non lo può riferire. Perciò anche il vecchio sciamano tacque, quando ritornò dal suo viaggio nel Grande Cielo.

Ma un giorno un forestiero arrivò nel paese dello sciamano. Portava con sé un tamburo. Il grande sciamano gli fece cenno di avvicinarsi, e l'uomo chiese: «Posso?» indicando il suo tamburo. «Ma certo» rispose il grande sciamano, «sei il nostro ospite. Prego». E l'uomo batté il tamburo. Il grande sciamano fece un respiro profondo. «Ah» disse, «questo è quello che ho sentito quando viaggiavo nel Grande Cielo». Aveva sentito il battito del cuore. Da allora il tamburo degli eschimesi viene chiamato *Qilaut* – uno strumento del Grande Cielo.

Il forestiero che portava con sé il tamburo era stato mandato dall'*uomo-che-ci-ha-creato*. Ci portava l'insegnamento del Grande Spirito – *Toorngaq*. Il Grande Insegnante è l'Uno che ci fa crescere. Il Grande Insegnante è quello che ci ha portato l'insegnamento del cerchio. Il *Qilaut* è un cerchio senza inizio, senza fine, un cerchio al quale tutti noi apparteniamo. Solo l'*uomo-che-ci-ha-creato*, il Creatore, tiene il manico del tamburo in mano, e ogni volta che tocca il bordo del tamburo, sente il battito dell'uomo. Più forte è il battito, più vitale è l'uomo.

C'è una vecchia preghiera: «La mia speranza è che tutti noi possiamo avere un forte battito di cuore, affinché possiamo prosperare tutti insieme. E siccome si tratta proprio del tuo battito, ogniqualvolta che parlerai col cuore, riceverai una risposta. Ora tocca a te imparare ad ascoltare il tuo cuore».

Il battito del cuore

Nella città dove vivi ci sono molte case. Là non puoi vedere il cielo. La valle nella quale vivi è circondata da montagne. Lì vedi solo una parte del cielo. Ma quando esci o sali su un monte e ti sdrai con la schiena a terra, vedi la vastità infinita del cielo. Sappi però: il Grande Cielo dentro di te è infinitamente più vasto. È incommensurabile. Mi chiedi: perché? Anch'io ho fatto questa domanda. Chiedevo a mia madre come poteva sapere che il cielo dentro di me è infinitamente più vasto del Grande Cielo sopra di me. Lei sorrideva soltanto e diceva: «Figlio mio, non ci vuole molto per esplorare il cielo sopra di te. Se lo osservi attentamente, dopo pochi minuti sai esattamente dove sei. Ma ti ci vorrà più di una vita per esplorare tuo fratello. Perché il Grande Cielo dentro di lui è molto più vasto del Grande Cielo sopra di te».

È il tuo cuore a raccontarti di questo Grande Cielo dentro di te. Perciò il grande sciamano diceva, quando sentiva il battito del *Qilaut*: «Sì, è questo che sentiamo quando viaggiamo nel Grande Cielo». E per questo c'è il vecchio detto: «Quando parli col tuo cuore, esso ti risponderà. Adesso è arrivato il tempo che tu e io impariamo ad ascoltare il nostro cuore».

Per questo motivo è tanto importante che impariamo l'arte del sentire la voce del nostro cuore. La maggior parte delle persone ha disimparato quest'arte. Non hanno accesso ai loro cuori. Non sanno neanche che il loro cuore gli parla. Questo riguarda soprattutto gli uomini. Le donne spesso hanno il dono intuitivo di sentire il loro cuore. Capiscono meglio di noi uomini la lingua del cuore.

Ma quelli che riescono a sentire la voce del cuore sanno che esistono tanti, tantissimi battiti diversi del cuore. E che ogni tipo di battito svela qualcosa di come stiamo.

Hai mai sentito il battito del cuore di un bambino quando vola fra le braccia del suo papà che torna da un viaggio? Come salta veloce e gioioso nel suo piccolo petto? E hai sentito com'è debole e pauroso quando devono separarsi? L'hai mai sentito? Se sì, sai che già nei bambini piccoli esistono tantissimi battiti del cuore diversi. Tanti battiti del cuore per altrettante emozioni. E per noi adulti non è diverso: innumerevoli battiti del cuore.

Esiste però soltanto un battito del cuore che è così come dovrebbe essere. Ho già sentito molti battiti del cuore. Tuttavia un battito così come dovrebbe essere, l'ho trovato raramente. Perché? Perché solo pochissime persone sono equilibrate. Una persona equilibrata possiede un battito tranquillo, regolare, vigoroso. È molto raro.

Con tutto ciò, la cosa meravigliosa è che il battito del cuore ti dice dove sei. Ti dice esattamente quanto ti sei allontanato dal tuo centro – dal tuo equilibrio, dalla tua armonia. Da te stesso. Perciò: ascolta la voce del tuo cuore. Non esiste consigliere migliore.

L'odore

Ogni stato del tuo spirito ha un suo odore. Hai un odore diverso quando sei arrabbiato. Hai un odore diverso quando sei depresso. Hai un odore diverso quando sei felice. Io sento subito quando stai male. E sento quando sei felice. Tuttavia, nella maggior parte delle persone, questo senso non è sviluppato. Non conoscono più l'odore dello spirito. Ma, poco a poco, la consapevolezza di ciò sta tornando. Una medicina moderna, più avanzata che comprende di più le connessioni tra corpo, mente e spirito, conferma oggi quello che gli uomini del nord hanno sempre saputo.

Il sorriso del cuore

Lo spirito più bello che esiste è un cuore sorridente. Quando il tuo cuore sorride, sorride anche il tuo viso. Ma rammenta: sorridere non è sogghignare. Spesso sogghigni. Quando sogghigni, il tuo cuore non sorride. Sogghigni per nascondere la sofferenza, la depressione e il vuoto nel tuo cuore. Se il tuo cuore fosse pieno, sorrideresti. Un cuore sorridente è lo spirito più bello che esiste. Il tuo sorriso è la più bella espressione dello spirito dentro di te. È un'espressione dell'amore che fa sorridere il tuo cuore. Il sorriso del tuo cuore è il sorriso dell'amore. Quando il tuo cuore sorride, tutto va bene. Allora il tuo spirito è sano e forte. Allora dentro di te si schiude lo spirito dell'uomo, sei a casa tua. Allora cammini eretto e forte – così com'è tuo destino, ora e sempre.

Spesso il tuo spirito è afflitto. Spesso sei depresso e sogghigni, invece di sorridere. Spesso ti fai dominare dall'istinto animale dentro di te. Spesso non sorridi neanche a te stesso. Quando questo ti capita, il tuo spirito è malato. Allora hai bisogno di uno sciamano che ti guarisca lo spirito affinché tu possa sorridere di nuovo. Quando il tuo spirito è malato, ha bisogno di una preghiera. La preghiera dello spirito è il canto vigoroso dello sciamano. Fa sorridere il tuo cuore e rivitalizzare il tuo spirito.

Amo incontrare uno spirito sorridente. E prego che il tuo spirito possa sorridere quando ci incontriamo.

Il Sé superiore e il Sé inferiore

Non molto tempo prima che fossi nato, gli uomini erano una parte del mondo animale. Non eravamo orsi polari, non eravamo aquile, né lupi o volpi. Abbiamo dimenticato chi eravamo precisamente – ma eravamo parte del tutto. Poi ci fu dato l'insegnamento del cerchio. Così crescemmo e maturammo. Scoprimmo noi stessi, e le nostre anime vennero alla luce. Così accadde che gli esseri umani si separarono dal regno animale diventando una specie propria.

Così narra una vecchia storia. Dice: «Non siamo più animali – ma il regno animale è ancora potente dentro di noi». Lo puoi vedere nel fatto che abbiamo due tipi di Sé. Il Sé piccolo, inferiore, è lo spirito animale dentro di noi. Si mostra soprattutto nella sessualità: un uomo eccitato sessualmente vorrebbe fare l'amore con una donna – non importa con quale, non importa dove. Questo è lo spirito animale nell'uomo. Non sa niente dell'amore, ma conosce soltanto il desiderio. Segue i suoi istinti. Non illudiamoci però: ogni essere umano porta dentro di sé questa dimensione, uomini e donne.

Il nostro Sé superiore, invece, conosce la differenza tra il bene e il male. Conosce la differenza tra il vero e il falso. Rappresenta il Grande Cielo dentro di noi: i nostri potenziali e le nostre possibilità. E conosce lo spirito dell'amore. Con il suo Sé superiore l'uomo riconosce nella donna la sua amata. Conosce la sua individualità, e questo sapere supera il desiderio animale dentro di lui. Ma spesso il Sé superiore non è sviluppato. Spesso siamo servi dello spirito animale dentro di noi. Non ce ne libereremo mai. Lo spirito animale è un aspetto della tua vita. Il tuo compito è di integrarlo attraverso il tuo Sé superiore affinché esso non domini tutto il tuo volere e tu non ti comporti come un animale; affinché tu possa agire con dignità e amore – e possa vivere in grande rispetto: di fronte a te stesso, alla tua famiglia, ai tuoi amici, ai tuoi parenti.

Questo è possibile tuttavia soltanto se non neghi lo spirito animale dentro di te. Lo devi riconoscere. E devi cercare continuamente di trovare il tuo equilibrio interno: l'equilibrio tra il Sé superiore e lo spirito animale.

Lo spirito animale dentro di te

Sulla terra esistono quattro tipi di animali: quelli che strisciano, quelli che camminano, quelli che nuotano, e quelli che volano. Di ogni tipo esistono talmente tante specie che non riusciamo a contarle tutte. Tuttavia, ogni essere umano ha dentro di sé le qualità di tutti gli animali. Ogni essere umano. Non c'è nessuna eccezione. Solo che gli spiriti animali, in ognuno, sono sviluppati in modo diverso. C'è chi porta dentro di sé lo spirito del coniglio, e un altro lo spirito del serpente. Pochissimi hanno il grande spirito dell'orso polare. Per fortuna esiste questa grande varietà! Rende la vita così affascinante. Sarebbe noioso se tutti gli esseri umani avessero sviluppato dentro di sé lo spirito grande dell'orso polare. Con un occhio un po' allenato puoi riconoscere, dal comportamento delle persone, quale spirito animale regna dentro di loro – se è lo spirito del caribù o quello di un uccello, di un serpente, di una mucca, di un maiale, di una formica. Lo puoi vedere. Guarda!

Ma non farti ingannare! Spesso le persone credono di avere uno spirito animale che non gli appartiene. Nel Nord America è di gran moda essere un lupo, o un orso. Però ti dico: solo pochissimi svilupperanno queste qualità. Quasi nessuno sarà un orso polare, quasi nessuno una balena, quasi nessuno un'aquila. Per diventare un tale animale, devi lavorare sodo per tutta la tua vita.

Quando vogliamo descrivere le qualità particolari di una persona, non per niente la paragoniamo volentieri a un animale. Diciamo: guarda, assomiglia a un verme – è senza orientamento. O diciamo: guarda, è furbo, assomiglia a una volpe. Ogni essere umano porta dentro di sé uno spirito animale. La domanda è soltanto come possiamo svilupparlo affinché ci aiuti a trovare noi stessi – a raggiungere una nuova dimensione della nostra vita.

Così continuiamo a cambiare. Quando sviluppi una qualità di spirito animale diventi più grande e più ricco – e quando hai sviluppato una qualità, ti aspetterà un compito nuovo. Nelle diverse fasi della tua vita animali diversi avranno importanza per te.

L'orso polare

Di tutti gli animali sulla terraferma non c'è nessuno che copra delle distanze così grandi come l'orso polare. Cammina all'interno del circolo polare, tutto intorno al Polo nord: in Islanda, in Norvegia, Svezia, Finlandia, Russia, Siberia, Alaska, Canada e Groenlandia. Perciò il suo nome spirituale è: "Il grande viandante".

Quando ricevi la *medicina* di un orso polare, la persona che te l'ha data dentro di te ha visto il potenziale di un uomo capace di camminare lontano e di raggiungere molte mete. Non solo in questo mondo; non solo nel mondo degli uomini, ma altrettanto nel mondo inferiore e nel Grande Cielo. La *medicina* dell'orso polare spetta a quelli che viaggiano in tutti i mondi. Perciò sento un profondo rispetto, quando incontro qualcuno che la porta. «Wow» penso, «vorrei ascoltare questa persona. Ha qualcosa da dire». Perché questa persona ha assunto la responsabilità di rendersi degna della *medicina* dell'orso polare.

Io stesso le ho ricevute spesso: l'artiglio dell'orso polare, un dente, il suo pelo, la coda, il naso. Tutte hanno un significato diverso, descrivono un differente aspetto dell'orso polare. Decisivo, però, è il suo significato principale: il grande viandante. Per questo motivo ho tanta *medicina* dell'orso polare. Perché incontro sempre di nuovo delle persone che dicono: «Angaangaq, sei come l'orso polare. Viaggi tutto il mondo. Non ti arrendi mai. Sei forte come un orso polare». Non esiste una *medicina* più forte. Niente supera l'orso polare. Quando dono questa *medicina* a qualcuno so che gli trasmetto un compito e una responsabilità molto grandi. E se l'accetta, deve comprendere il suo significato: la riceve perché qualcuno vede in lui il potenziale di essere come un orso polare: pieno di forza, di costanza, di forza di volontà. Oh sì, l'orso polare ti fa crescere.

L'aquila

Nessun uccello vola così in alto come l'aquila. Nessun animale si avvicina al Creatore come lei. Quando guarda in giù, ha una visione della vita sulla terra. Pochissime persone esprimono questo spirito dentro di sé. E quelli che ci riescono, assumono una responsabilità eccezionale. Quando qualcuno ti offre il dono di una penna d'aquila, ha riconosciuto dentro di te un grande potenziale.

La grande balena

Nessun pesce si immerge così profondamente coma la balena. La grande balena si immerge nelle profondità più profonde dell'oceano. Quando hai dentro di te lo spirito della grande balena, sarai capace di immergerti ancora più profondamente negli abissi del tuo spirito. Questo spirito è più profondo ancora dell'oceano più profondo. Soltanto lo spirito della grande balena è capace di immergersi così in basso. E solo pochissimi esseri umani hanno la capacità di immergersi profondamente dentro se stessi.

Un uomo che aveva questo dono era ovviamente Giona, di cui racconta la Bibbia che è stato ingoiato da una balena – una bella immagine per dire che questo profeta doveva immergersi profondamente negli abissi del suo spirito prima di poter diventare saggio.

Quando ti immergi profondamente dentro te stesso e ti chiedi: «Chi sono?», vuol dire che la grande balena è potente dentro di te. Poi emergerai, respirerai profondamente, e lascerai fluire attraverso di te il respiro della vita.

Il delfino

Il delfino è diverso dalla balena. Non si immerge nelle profondità. Ama giocare. Ogni qualche minuto emerge alla superficie e fa i suoi salti bellissimi. Gli umani amano i delfini. Tutti si impegnano per loro. Questo è bello e corrisponde al nostro tempo. Ci piace giocare, ma non abbiamo il coraggio ad andare in profondità.

Si dice che i delfini siano gli animali più intelligenti. È vero, sono intelligenti. Ma anche altri animali lo sono. Tutti gli animali sono estremamente intelligenti. E tanti sono molto più intelligenti dei delfini. L'aquila ha lo sguardo più ampio, la balena scende nelle profondità più abissali, l'orso polare cammina più lontano. I delfini invece sono come i bambini.

La foca

Come sai, ci sono parecchie specie di foche. Ma tutte hanno una cosa in comune: amano crogiolarsi al Sole e scaldarsi. In questo sono simili agli esseri umani, con la piccola differenza che gli uomini eccedono la misura. Le foche sono diverse. Gli animali conoscono i limiti che gli sono stati dati. E lo spirito della foca sa rispettare la giusta misura. Quando hai dentro di te lo spirito della foca, esso ti terrà in equilibrio. Farà sì che tu assorba la bellezza e il calore del Sole nella quantità giusta. Ti donerà il senso per l'armonia e misura.

Quando incontri qualcuno che sa creare equilibrio e armonia, gli darai il dono della foca e gli dirai con ciò: «Sei la foca. Hai il senso dell'equilibrio. Tutti dovrebbero conoscerti!», perché solo pochissimi vivono in equilibrio. E hanno un bisogno enorme di trovare delle persone che portano lo spirito della foca. Quando incontri una persona così, chiedile che cosa devi fare per trovare il tuo equilibrio.

Il caribù

Il caribù porta delle corna molto imponenti. Ogni anno crescono e diventano più belle. Le persone con la qualità del caribù sono così. Crescono senza dover fare niente. Non devono preoccuparsi, tutto viene loro incontro. Vivono in abbondanza e benessere. Proprio perché non si fanno dei gran pensieri sul come trovare abbondanza e benessere. Questo è il loro segreto. Non ostacolano l'energia preoccupandosi come trovare il benessere. Lo lasciano fluire – ed esso fluisce verso di loro. Ogni anno le loro corna crescono, ogni anno il loro benessere cresce. Aprono il cuore e tengono aperte le mani. E mentre fanno questo, sono rilassati. Tutto qui.

Pochi umani arriveranno al punto di lasciare vivere dentro di se lo spirito del caribù. Si preoccupano di come pagare l'affitto, dove prendere i soldi per la vacanza. Non si rilassano mai. E perciò non conosceranno mai lo spirito del caribù.

L'oca

L'oca non è un conduttore, tuttavia guida. Hai mai osservato il volo delle oche? Il loro volo dipende completamente dall'energia dell'aria prodotta dall'oca conduttrice. Ma è sempre un'oca diversa che guida. Quando l'oca conduttrice perde le forze per la stanchezza, un'altra prende il suo posto e fa da guida. Così l'oca può riposarsi. Sapevi che le oche possono dormire durante il volo? A volte guidano, a volte si lasciano guidare e si rilassano – un equilibrio meraviglioso che permette loro di volare per ore e ore. Percorrono così delle distanze incredibili. Trascorrono l'estate nella zona polare, ma per svernare volano nel golfo del Messico – tredicimila chilometri. Lo possono fare soltanto perché sanno benissimo quando è il tempo per guidare e quando è il momento per riposarsi. Questa è una grande qualità dell'oca; da lei puoi imparare tantissimo.

Quando incontri una persona che ha dentro di sé lo spirito dell'oca, la riconosci dal fatto che guida gli altri senza essere un conduttore; che è all'erta e sa quando è arrivato il tempo per guidare e quando il tempo è passato; che va avanti senza mai pretendere di essere un dirigente. Quanti che pretendono per sé una posizione da dirigente, in realtà non hanno niente dello spirito dell'oca dentro di sé! Per rendertene conto, basta guardare i tuoi politici. Pensano di poter guidare soltanto perché sono stati eletti. Ma non hanno dentro di sé lo spirito dell'oca.

Riconosci le persone che hanno dentro di sé lo spirito dell'oca anche dal fatto che possiedono un senso per la direzione. Conoscono la strada e possono orientarsi in ogni momento – una qualità che vorremmo avere tutti, ma che solo pochi sviluppano. La maggior parte degli uomini vive una vita senza meta.

Riconosci la qualità dell'oca dalla perseveranza di una persona. Un'oca non si lascia distrarre dal suo cammino, né si arrende. Guida e segue – va avanti e si riposa. Così supera le distanze più grandi.

Vorresti sapere che cosa noi umani possiamo fare per sviluppare dentro di noi le qualità degli animali e degli *spiriti animali*? La risposta è semplice: cerimonie! Cerimonie che ci aiutino a comprendere il mondo degli animali. Cerimonie che aprano i nostri occhi alla bellezza degli animali – che aprano i nostri occhi all'importanza degli animali. Cerimonie che ci facciano percepire gli animali. Perché solo se vedi gli animali – solo se riconosci le loro qualità – capirai che rispecchiano il tuo essere interiore. Solo se comprendi che rispecchiano il tuo essere interiore, comincerai a sviluppare dentro di te lo *spirito animale*. Allora fiorirai e potrai raggiungere casa.

Guarda i bambini. Tutti i bambini amano gli animali. Riconoscono facilmente gli spiriti degli animali e si lasciano guidare da loro. Amano le storie di animali parlanti – e per loro è completamente naturale che gli animali abbiano qualcosa da dire. Ma poi perdono l'interesse; per lo più senza che qualcuno abbia preso sul serio la loro passione per gli animali – senza che qualcuno gli abbia detto: «Ami il tuo cane? Guarda, questo dice qualcosa di come sei!» È meraviglioso quando i bambini giocano a essere degli animali. Ciò dà loro una possibilità unica di scoprire se stessi ed esprimere lo *spirito animale* che hanno dentro di sé. Questo però accade sempre meno. Invece di giocare a essere un animale, i nostri bambini devono guardare alla televisione stupide storie di stupidi animali che non hanno niente da dire loro.

E questo è anche il motivo per cui è tanto importante proteggere le specie in pericolo di estinzione. Immagina se non ci fossero più gli orsi polari sulla terra! Come sarebbe difficile riconoscere lo spirito dell'orso polare dentro di te! O lo spirito della tigre, lo spirito dell'elefante! Che perdita enorme per l'umanità! Non potremmo più comprendere neanche noi stessi. Non sapremmo più niente del potenziale dentro di noi. E ciò accade tutti i giorni. Ogni giorno muoiono centinaia di specie, senza mai averle potute conoscere, senza aver mai potuto riconoscere la loro importanza per noi. Questa è la tragedia che ci danneggia.

Gli animali sanno così tante cose, sono talmente intelligenti. Sono un cacciatore. Quando vado a caccia, parlo con gli animali. Gli racconto della mia famiglia. Gli racconto cosa mi è successo. E gli animali mi ascoltano.

La bellezza delle piante

Ci sono innumerevoli piante – ma tutte hanno soltanto uno scopo: vogliono far vedere al loro Creatore come sono belle. Vogliono ringraziare il loro Creatore per la loro vita. Tu e io – noi possiamo imparare dalle piante che cos'è la gratitudine. Ogni fiore ne è colmo. Ogni fiore ci invita a unirci al suo ringraziamento.

Da noi in Groenlandia, le piante sono spesso molto piccole. A volte riesci appena a vedere il fiore. Quando mi trovo fuori nella Tundra, spesso mi sdraio per terra e le guardo. Osservo come si aprono queste piantine minuscole dopo essere state coperte dalla neve per mesi. Poi, ascolto la canzone semplice della loro bellezza e gratitudine. E respiro profondamente e mi unisco al loro canto silenzioso.

Il potere di guarigione delle piante

Amo immergermi nell'odore di una pianta. Con ciò intendo qualcosa di diverso di quello che fai tu quando, annusata una pianta, provi piacere per il suo profumo, per poi procedere. Intendo veramente immergermi nel suo profumo. Quando ti immergi completamente nell'odore di una pianta, senti subito tutta la sua forza e la sua energia – questo è quello che si chiama: il suo potere di guarigione. Ma ci vuole tempo e pratica. Quasi nessuno al giorno d'oggi fa lo sforzo di voler comprendere una pianta attraverso il suo odore.

Tuttavia il potere di guarigione delle piante è immenso. A volte si trova nei fiori, a volte nelle radici, a volte nelle foglie, a volte nei frutti. Ogni singola pianta ci dona dei poteri di guarigione diversi. Ogni pianta conserva per noi un regalo, e ce lo dà volentieri, quando glielo chiediamo. Perciò nella nostra cultura abbiamo l'usanza di chiedere a una pianta il permesso di raccoglierla. Non puoi semplicemente strapparla. Devi chiederle e mostrarle il tuo rispetto. Ho visto vecchi *medicine men* che prima tenevano tra le loro mani una pianta per ricevere la sua energia e ringraziarla per tutti i suoi doni meravigliosi. E solo dopo la raccoglievano.

Le piante ci danno forza e bellezza interiore, stimolano i nostri sensi e danno equilibrio al nostro spirito. Purtroppo le conoscenze sono andate in gran parte perdute. In Europa, le donne che conoscevano le piante sono state chiamate streghe e sono state uccise. E anche nei popoli indigeni sono rimasti solo pochi conoscitori delle proprietà delle piante. Ai tempi della mia infanzia, da noi, ognuno capiva ancora il linguaggio delle piante.

Mia madre parlava sempre con le sue piante. Ogni giorno. E ne aveva tantissime. Dappertutto nella casa c'erano dei fiori. Fiorivano addirittura nel freddo inverno. Mia madre si chinava sopra di loro, accarezzava le loro foglie e diceva: «Oh, mia bella, come stai stamane?» Sapeva che le avrebbero risposto – fiorendo e facendo vedere la loro bellezza.

I minerali

Per la maggior parte degli uomini, i minerali sono delle materie prime da utilizzare nelle industrie. Pensiamo all'oro, al ferro e al carbone – ma in realtà il regno dei minerali è molto più grande. Il tesoro che hanno da dare a noi uomini è molto più ricco. I minerali sono strettamente connessi con i nostri sentimenti. Possono essere duri come la pietra, ma nella loro durezza senti il potere della loro energia. Possono essere trasparenti come il cristallo, e nella loro trasparenza senti la loro energia.

Molte persone da voi nell'occidente si comprano delle pietre nei negozi, perché sono belle da vedere. Altre pagano molti soldi per diamanti e oro. Ma solo pochissimi hanno un'idea di che cos'è in realtà ciò che stanno comprando. Perché hanno dimenticato le cerimonie che avrebbero aperto la loro sensibilità al potere curativo delle pietre.

L'equilibrio della vita

Lo scioglimento dei ghiacci

Mia nonna Aanakasaa diceva: «La neve è un telo bianco che l'inverno, con tenerezza, stende sulla terra, affinché possa riposarsi». Nella mia patria, la terra riposa già da molto tempo. Là la neve è così vecchia che è diventata un alto strato di ghiaccio. Ma il ghiaccio si sta sciogliendo. Finalmente Madre Terra si sbarazza di questo telo che è diventato così pesante. Adesso che lo toglie, Madre Terra tornerà a essere viva. Una nuova primavera verrà. Senza che gli uomini se ne rendano conto, si creerà della nuova vita là dove, per millenni, c'era soltanto del ghiaccio.

La terra non conosce l'età. Non conosce il tempo. Essa è. E si sbarazzerà del suo telo bianco affinché possa sentire il calore del Sole. Quando questo tempo sarà arrivato, si avvererà la profezia che la Groenlandia sarà un roseto.

Prima ci saranno dei disagi sulla terra. Delle masse d'acqua porteranno via il terreno. Ci sarà di nuovo gelo e neve. Ma lentamente la neve si scioglierà. L'amore e il calore del Sole scioglieranno il ghiaccio. Madre Terra si risveglierà a nuova vita, e dal suo grembo cresceranno le rose.

Ora questo tempo è arrivato. Non è incredibile? È arrivato il tempo che il ghiaccio sarà tolto da Madre Terra. Gli animali giocheranno, le rose cresceranno. Le rose prosperano solo là dove non c'è il gelo.

Voi uomini moderni credete di essere molto evoluti e civilizzati. Ma durante i miei viaggi attraverso il mondo, ho notato il contrario: le vostre azioni e i vostri piani non mostrano niente di civile. Svelano un egoismo sfrenato. Da voi, ognuno pensa soltanto a se stesso. Ma se cerchi solo il tuo vantaggio, non hai nessuna possibilità di vedere la bellezza delle persone. Se non vedi la bellezza delle persone, non cambierai te stesso. Non sarai in grado di spronare lo spirito delle persone. Ma finché non sproni lo spirito delle persone, loro non si guarderanno con gli occhi dell'amore. E proprio di questo abbiamo bisogno. E c'è bisogno di te. Tu puoi cominciare. Tu puoi accogliere l'altro con amore e col cuore aperto, così com'è naturale da noi da millenni. E tu puoi sollevare il loro spirito e spronarlo, affinché il cambiamento avvenga.

Tutti sappiamo che non possiamo più continuare come abbiamo fatto finora. L'economia e il sistema finanziario stanno crollando. Contemporaneamente Barack Obama è diventato il presidente degli Stati Uniti. Lo applaudiamo e speriamo in lui. Ma non lo ascoltiamo. Continuiamo come prima. Non smettiamo di fare sempre le stesse stupide cose. Tuttavia, Obama ha ragione: «Yes, we can change», "Sì, possiamo cambiare!"

E dobbiamo cambiare! Abbiamo solo questa Terra. Ognuno, dei sette miliardi di abitanti è un suo cittadino. Ognuno ha il diritto di vivere sulla terra, essa appartiene a tutti. È assurdo fare delle battaglie per il terreno. Nessuno può pretendere di essere il proprietario della terra. Se comprendiamo che tutti noi siamo cittadini di questa unica terra, lavoreremo insieme – ci sosterremo – regneranno felicità e benessere invece di guerra e povertà.

Dobbiamo cambiare il nostro modo di pensare, dobbiamo sciogliere il ghiaccio nei nostri cuori. Non è tanto difficile, basta cominciare a guardare noi stressi. Possiamo veramente diventare cittadini di questo unico mondo, quando scopriamo dentro di noi la consapevolezza globale. E mi sembra che noi eschimesi possiamo essere di grande aiuto. Perché da millenni viviamo in condizioni durissime. Ciò che noi possiamo dare al mondo di oggi sono le nostre conoscenze su come spronare lo spirito degli uomini: possiamo aiutarli ad aprire gli occhi alla bellezza incredibile che ci circonda tutti – quella bellezza che possiamo scoprire quando un essere umano sorride. O quando degli esseri umani ridono insieme.

Mia madre diceva sempre: «Non ridere mai di qualcuno, ma ridi con lui!» Perché quando ridi di qualcuno lo ferisci, ma quando ridi insieme a lui, sproni lo spirito di tutti voi. Abbiamo disimparato a ridere insieme. Se potessimo riscoprirlo di nuovo – il mondo rivivrebbe. Ritroveremmo il nostro equilibrio – e l'equilibrio del mondo.

Però è troppo tardi. Non possiamo più fermare lo scioglimento del Grande Ghiaccio. Non c'è niente che tu e io possiamo fare. Non c'è niente che qualcuno nel mondo possa fare. Il ghiaccio sparirà. Questo è un dato di fatto. Non possiamo più cambiare questo fatto. Ma possiamo cambiare noi stessi. «Yes, we can!» Però, come fare? Come possiamo diventare delle persone che sanno rispettarsi – che sanno rispettare gli altri – che sanno rispettare la natura? Come possiamo cominciare?

Facendolo. Cambierai quando rispetterai la natura. Cambierai quando comincerai a vedere la bellezza della terra. Cambierai quando tratterai gli animali con rispetto e attenzione. Cambierai quando incontrerai il tuo prossimo con amore e cordialità. È molto semplice. Tutto dipende dalla tua disponibilità – dal tuo primo passo.

Durante un colloquio a New York, qualcuno mi disse: «Angaangaq, non funziona così, è troppo semplice». Risposi: «Hai ragione. Ma siamo noi che abbiamo reso tutto complicato. La verità è così semplice!» È così semplice. Il cambiamento non comincia fuori di te. Non alle Nazione Unite, non nei governi, non alla Casa Bianca, nei parlamenti. Comincia qua – qua, nel tuo cuore, solo in esso. Non è la politica che cambia il mondo. Gli uomini cambiano. Solo quando cambiano se stessi, il mondo seguirà.

Non dico che non ci saranno più conflitti o liti, quando ci incontreremo da cuore a cuore. Avremo delle opinioni e posizioni diverse. Ma lo faremo con uno spirito diverso – con uno spirito più alto, e con rispetto e stima reciproca. Non guarderemo più soltanto ai nostri fini egoistici e non cercheremo più di procurarci ogni vantaggio possibile. Ci rispetteremo. Questo sarà il cambiamento.

Nella società di oggi regnano superbia e presunzione. Ciascuno crede di dover truffare gli altri. Nell'occidente credete di essere superiori a tutti gli altri. Ma non riuscite neanche a vincere la povertà globale. Fate una cattiva politica. Trascurate le cose più importanti! Solo un esempio: chiudete le vostre aziende agricole e pagate i contadini per lasciare i loro campi a maggese – e importate alimenti da Paesi lontani. Nell'Europa occidentale potreste produrre abbastanza alimenti per nutrire tutto il mondo. Ma non lo fate più. Avete perso il rapporto con Madre Terra. Avete perso il rapporto con la natura. Avete perso il senso per l'armonia della vita. Non si può andare avanti così. Dovete cambiare, dobbiamo cambiare. Cominciate! Oggi stesso!

Abbiamo una vecchia profezia. I vecchi dicono: «Verrà il giorno che la grande aquila di mare alzerà le sue ali e volteggerà sulle montagne di ghiaccio. Allora si sentirà un profumo nuovo nel quale saranno unite saggezza e conoscenza». Come desidero che questa profezia si realizzi! Già ho il sentore di questo tempo nuovo.

L'intenzione

Dentro di noi abbiamo tante energie. L'energia più forte è la sessualità. Perché crea nuova vita. Al secondo posto c'è l'intenzione. Possiamo volere così tante cose – sia buone sia cattive! Per lo più non vogliamo il bene. Per lo più i nostri desideri non sono proprio degni di elogio. Come lo so? Guarda il mondo: alcuni esseri umani non indugiano un attimo a spararsi e uccidersi a vicenda. Quando qualcuno viene ucciso violentemente ciò riguarda sempre centinaia di persone. Lo sappiamo. Abbiamo fatto innumerevoli guerre e tuttavia non abbiamo imparato niente. Crediamo ancora di poter creare la pace uccidendo. Ma ciò è impossibile. Non è follia? Nonostante sappiamo che è impossibile, continuiamo a farlo. La nostra intenzione spesso non è per niente ragionevole.

La stessa cosa succede nell'economia. C'è tantissimo denaro. Ma che cosa ne facciamo? Facciamo diventare alcune persone immensamente ricche, e milioni di altre tragicamente povere. Ho visitato l'Africa. Ho visto che cosa abbiamo causato all'Africa: abbiamo tolto tutto agli uomini, addirittura il loro spirito. Abbiamo ucciso milioni di persone. Abbiamo infierito così tanto che là le persone oggi si ammazzano a vicenda. E tuttavia crediamo che il mondo occidentale abbia fatto bene – perché abbiamo prodotto molti soldi. Sai da dove vengono questi soldi? Derivano dal petrolio e dal gas dell'Africa, derivano dallo sfruttamento delle foreste, delle miniere d'oro e di diamanti. Abbiamo derubato gli uomini in Africa – e ci siamo detti che stavamo facendo del bene. In realtà non abbiamo fatto niente di buono. Non siamo i buoni che crediamo di essere. Se fossimo buoni, l'Africa oggi sarebbe un paradiso.

E l'Africa è un paradiso. L'Africa è l'unico continente che può ancora nutrire gli uomini. L'Australia sta morendo perché il terreno si sta seccando; l'America del sud sta morendo perché bruciamo le foreste; l'America del nord sta morendo perché abbiamo sfruttato i suoi terreni; l'Asia e l'Europa sono sovrappopolate e non riescono quasi più a nutrire le persone che vi vivono. Rimane solo l'Africa. E mi chiedo: toglieremo tutto a quelle persone in futuro? O divideremo il nostro benessere con loro? Credi che lo faremo? Uno sciamano lo farebbe. Perché vive con consapevolezza e attenzione. Quelli che sono arrivati a casa – che sono arrivati a casa dentro se stessi – anche loro lo farebbero. Perché hanno imparato a vedere la bellezza negli altri. E chi vede la bellezza negli altri dividerà con loro. Non continuerà a derubarli. Manterrà l'equilibrio tra il dare e il prendere.

Quando sarai arrivato dentro di te, la tua intenzione sarà cambiata. Solo se la tua intenzione cambia, il mondo si trasformerà. Quando sarai arrivato dentro te stesso, seguirai la tua intuizione. Non penserai più cosa vuoi, ma ti fiderai dei tuoi impulsi interiori senza dubitare. Voi uomini dell'ovest avete perso questa fiducia nei vostri impulsi. Perché non siete a casa dentro di voi. Portarvi a casa affinché possiate scoprire la vostra intuizione – questo è il lavoro dello sciamano.

La connessione di tutto il vivente

Qualche anno fa sono stato invitato da una banca brasiliana a tenere un seminario per i suoi dirigenti. Mi prenotarono un volo di prima classe a San Paolo e mi riservarono una stanza in un albergo bellissimo. Quando mi salutavano, ci tenevano molto a farmi capire che non appartenevano a quelli che finanziano il diboscamento illegale delle foreste amazzoniche. Guardai negli occhi del presidente della banca e dissi: «Ah, ciò vuole dire che non guadagnate dagli affari milionari che si fanno con il legname tropicale». Cadde il silenzio. Lui volse gli occhi. Come potevo interpretare questa reazione? Voleva dire che davvero non traeva nessun profitto dal fatto che le foreste vengono tagliate illegalmente? O voleva dire: «Non possiamo stare indietro. Non possiamo essere gli unici che non ne traggono profitto».

Così vivono gli uomini sulla terra. La loro visione è limitata. Non pensano che con ogni albero tagliato nel bacino dell'Amazzonia, nel Congo o in Vietnam, per gli eschimesi diventa più difficile costruire i loro igloo. La temperatura sale, e il ghiaccio diventa troppo morbido. Certo: il bacino dell'Amazzonia dista diciassettemila chilometri dalla Groenlandia. Tuttavia la deforestazione fa diventare il ghiaccio morbido. C'è soltanto un mondo. E tutto è connesso.

Ugualmente c'è soltanto un oceano. E l'oceano è di tutti noi. Ognuno di noi è responsabile per la sicurezza di tutti. Ma non viviamo in quest'ottica. Pensiamo che ci siano delle specie più importanti di altre. Ma non è così. Ogni vita nell'oceano è importante. Ogni vita è preziosa. I vecchi eschimesi lo sapevano. A volte mi sembra che abbiano viaggiato in tutto il mondo. Magari l'hanno fatto davvero. In ogni caso sapevano che esiste una sola terra – e che ognuno è responsabile per tutto ciò che vive sulla terraferma e nell'acqua; che ognuno ha il compito di rispettare e custodire l'equilibrio della vita. Chiedi come fare? La via è la saggezza: la vita è una cerimonia in se stessa – degna di essere celebrata con una cerimonia. Se vivi così, riscoprirai a poco a poco l'equilibrio della vita di cui tutti noi abbiamo urgentemente bisogno. Come guardiano di questa terra, sei chiamato a custodire l'armonia della vita.

Ma lo devi fare con saggezza, e questo non è facile. Pochissimi sanno che cos'è la saggezza. Un esempio: i protettori degli animali dell'occidente avevano veramente le migliori intenzioni, quando cominciarono a fare delle campagne per la protezione dei cuccioli di foca. Ma non hanno fatto bene. Non avevano nessuna idea dell'equilibrio della vita nell'alto nord. Non sapevano che la foca è qualcosa come il maiale dei mari. Le foche si moltiplicano molto velocemente. Se si smette di cacciarle, la loro popolazione cresce a dismisura. E questo causa dei problemi. Perché, per accumulare il loro pannicolo adiposo, devono mangiare delle quantità enormi di merluzzo. Se non possono più cacciarlo mancano loro delle vitamine e dei minerali importanti, e si ammalano. Oggi, nel nord, ci sono moltissime foche malate; molte muoiono di fame. Contemporaneamente spariscono popolazioni di pesci. Una foca adulta divora ogni giorno 175 chilogrammi di pesce. Per quarant'anni. E l'equilibrio si perde completamente.

Era diverso finché potevamo cacciare le foche. Stavamo attenti alle popolazioni, e gli animali stavano bene. Adesso i protettori degli animali hanno causato un disastro ecologico. Ma non hanno voluto saperne niente. L'uomo bianco ama essere l'amico degli animali. Gli manca però la comprensione per l'equilibrio della vita su Madre Terra. Ho cercato spesso nell'occidente di svegliare il senso per l'equilibrio della vita! Invano. Non lo capite.

Quando, qualche anno fa, un orso bruno si è smarrito in Germania, l'avete cacciato come un criminale! E nello stesso tempo proibite agli eschimesi di cacciare le foche. Siete fuori di senno? Biasimate gli eschimesi perché portano dei vestiti di pelle di foca – ma non vi crea nessun problema produrre milioni e milioni di valigie e borse di cuoio di bovino o di suino. Il vostro sguardo al mondo è unidimensionale. Non vedete la complessità delle connessioni. Avete perso di vista le cose più semplici. Non vedete più i cicli della vita. Perciò non potete più adattarvi a essi.

Ma lo dovete fare, se volete sopravvivere: solo se riuscirete a sciogliere il ghiaccio nei vostri cuori, potrete cambiare e cominciare a usare le vostre conoscenze con saggezza di modo che vengano rispettate e custodite armonia ed equilibrio – in tutto. Madre Terra lo fa vedere. Guarda!

L'intelligenza degli animali

Il mondo occidentale non sa più niente del mondo degli animali. Avete alcuni animali preferiti, come i cuccioli di foca o gli orsi polari. Questi animali preferiti vi commuovono. Vi fa piangere, quando vedete che i cuccioli di foca vengono ammazzati. E vi tocca quando sentite che, con lo scioglimento dei ghiacci, l'habitat dell'orso polare diminuisce. Ma vi dico: l'orso polare vive da millenni nel nord. Ha la capacità di adattarsi al cambiamento. E lo farà, perciò sopravvivrà. La maggior parte degli uomini, invece, non ha questa capacità; non sopravvivranno. Si preoccupano per l'orso polare, sarebbe invece meglio se si preoccupassero per se stessi.

Gli Anziani dicono: «Non ti preoccupare per gli orsi polari! Si adatteranno, sopravvivranno. Preoccupati di te stesso!» Perché tu non ti adatterai finché non saprai come usare la tua conoscenza con saggezza. Riguardo a ciò, l'orso polare è più intelligente di te. Puoi imparare da lui. Osserva gli orsi polari! Segui il loro esempio!

Gli orsi polari stanno cambiando, seguono i tempi. Cacceranno animali diversi. Lo stanno già facendo. Si stanno adattando a una vita diversa. Naturalmente non tutti gli animali sopravvivranno. Alcune specie saranno estinte, e anche alcune piante. Saranno quelli che non sapranno adattarsi. Nelle grandi montagne del mondo si può già osservare questo fenomeno. Alcune piante avanzano ad altezze sempre più grandi per assicurarsi il loro habitat. Quando non sarà più possibile spariranno anche loro.

La caccia

Quando vado a caccia, lo faccio per procurarmi da mangiare. Non vado a caccia per uccidere. Al contrario: prima di uccidere un animale chiedo il suo permesso. Senza il suo permesso non sparerei a nessun animale. L'arma da fuoco è un'invenzione importante. Ma non devi mai usarla senza aver chiesto il permesso.

Mi chiedi come faccio a sapere se un animale mi dà il suo permesso. Molto semplice: tutti gli altri animali spariranno, soltanto uno rimane. Questo animale ti dà il suo permesso: gli puoi sparare. È sempre così. Come cacciatore trovi sempre un animale che ti aspetta. È molto semplice; ma voi occidentali rendete le cose così complicate!

Vedo ancora mio padre. Con grande pazienza e senza muoversi stava sul ghiaccio – accanto al buco attraverso il quale una foca sarebbe scivolata. Stava là e parlava agli animali. E aspettava finché uno si sacrificava e, attraverso il buco, usciva dall'acqua. Questo animale aveva dato il suo permesso.

Io stesso sono andato molte volte a caccia del lupo. C'era un bellissimo lupo artico che avevo seguito per molto tempo. Lo volevo. Quando trovai le sue orme le seguii con la mia motoslitta. Dopo non molto tempo lo vidi in lontananza. Mi avvicinai lentamente, ma lui fiutò subito il pericolo. Si vedeva che era stato cacciato già parecchie volte. Fuggì, e io lo seguii. Non volevo ucciderlo; volevo solo fargli una domanda. Volevo sapere da lui dove dovevo rivolgermi per trovare un branco di lupi. E così lo inseguii. Lui correva per la vita, e dovevo andare molto velocemente per riuscire a stargli dietro. Alla fine lo raggiunsi. Mi guardò, e sentii che stava per arrendersi. Mi fermai. Volevo parlare con lui, ma aveva troppa paura. Si allontanava lentamente.

Quando fu a una distanza di circa duecento metri, lo chiamai: «Alt!» Si fermò. Era esausto, ma si girò e mi guardò. Seppi che era disponibile a parlare con me. E lo guardai e parlai con lui. Gli chiesi scusa per averlo inseguito con una motoslitta – una corsa che non gli avrebbe lasciato nessuna possibilità. E gli dissi che non volevo ucciderlo, ma solo fargli una domanda. Il lupo abbassò la testa e appoggiò la sua zampa destra sulla neve. Allora seppi che avevo fatto bene. Lui rispose, e fece vedere che stava bene. Non mi disse dove potevo trovare un branco, e restai a mani vuote. Ma così andava bene. Non avevo l'ambizione di tornare a casa come un grande cacciatore che aveva ucciso un lupo. Per me non aveva nessuna importanza. Per me era importante aver fatto le cose nel modo giusto: aver rispettato la legge di Madre Natura. Perciò il mio cuore esultava di gioia quando, alla fine, andò via – fiero e incolume.

Andare a caccia non è contro la legge della vita. Non è neanche contro la legge della vita mangiare la carne di animali che abbiamo cacciato chiedendo il loro permesso. Contro la legge della vita è invece il modo con il quale la maggior parte delle persone oggi consuma la carne. Ci danneggiamo la salute perché la carne di animali che sono tenuti in allevamenti di massa e vengono uccisi in modo industriale non è buona. Molte persone oggi se ne ammalano – non a causa della carne, ma della paura degli animali che permea la loro stessa carne.

Mangiare carne non è sbagliato. Madre Natura ha fatto sì che gli animali si mangiassero a vicenda – e che gli esseri umani mangiassero la carne degli animali. Non è la carne in sé che crea i problemi, ma il modo in cui trattiamo i nostri animali. Se uccidiamo gli animali senza prima esserci rivolti a loro – senza avergli chiesto permesso – creiamo in loro quella paura che avvelena la carne. E noi mangiamo questa paura. Il fatto che voi in Europa e nell'America del nord avete tanta paura dipende molto da come gli animali di cui mangiate la carne vengono macellati.

E dipende dal fatto che avete disimparato a sentire i sapori. Con un po' di consapevolezza puoi sentire la paura degli animali. Quando mangio una bistecca con attenzione, sento subito la paura del manzo, la cui carne è lì sul mio piatto. Mio padre era ancora molto più sensibile. Non riusciva assolutamente a mangiare la carne di una foca che era stata catturata nella rete. Non poteva neanche mangiare un delfino che era stato preso nella rete. La carne non gli piaceva. Sapeva di paura.

Ad altri animali piace invece. Una volta osservavo il modo in cui delle orche cacciavano delle foche. Con le loro pinne caudali giocavano a colpirle come fossero palloni, prima di ingoiarle nelle loro fauci enormi. Era questo il loro modo di dare sapore agli animali, il sapore della paura. Ma noi uomini non siamo delle orche. Come guardiani e custodi della terra abbiamo il compito di togliere la paura dagli animali, prima di ucciderli. Così rimaniamo in armonia con le leggi della vita.

*L'avena odorata**

Nostra nonna Aanakasaa era una maestra a intrecciare le ceste. Le usava per portare dell'acqua, bacche e molto altro. L'erba che utilizzava per confezionarle si chiama avena odorata. Nessuno sa quante

* L'avena odorata è anche conosciuta in Italia come erba dolce o *sweetgrass*.

specie di erba ci sono sulla terra. Ma esiste un'erba molto speciale: l'avena odorata. La si riconosce perché la sua superficie è liscia e lucida, e così riflette con gratitudine la luce del cielo. Perciò diciamo che l'avena odorata parla la lingua del Creatore, e perché, una volta seccata, emana un profumo dolce e molto piacevole. Con l'avena odorata si possono fare molte cose, ma di solito la raccogliamo per intrecciarla. Di questo parla l'insegnamento di nostra nonna.

Nonna diceva: «Tu e io, noi siamo fragili. Fragili come un filo d'erba». E mentre diceva questo, sbriciolava un filo d'erba secco tra le sue vecchie dita. «Siamo fragili così» diceva. «Il tuo corpo è fragile così. Non ci vuole molto per distruggerlo. Una piccola caduta ti può rompere il collo. Un piccolo incidente, e il tuo corpo è rotto». Poi continuava: «Altrettanto fragile è il tuo spirito. Puoi convincerti che niente possa spezzarti. Ma in realtà il tuo spirito è fragile, fragile come un filo d'erba». È vero. A volte è sufficiente uno sguardo severo, e crolli. O qualcuno ti dice: «Lo vedo in un modo diverso», e tutta la tua sicurezza sparisce. Ti difendi, vuoi aver ragione – e tuttavia, dentro di te, sei già crollato.

Perciò nonna diceva: «Quando trovi te stesso e sei in armonia con te stesso, quando intrecci il tuo corpo, la tua mente e il tuo spirito come l'avena odorata, la tua mente diventa flessibile. Così puoi accettare le opinioni degli altri, puoi rispettare e stimare gli altri. Nello stesso modo, anche il tuo spirito sarà flessibile, e dirai: sì, adesso capisco cosa insegnava Maometto; adesso riconosco la bellezza degli insegnamenti di Mosè; sento il senso delle usanze degli indù, dei buddhisti, dei cristiani... Perché il tuo spirito è abbastanza forte per riconoscere l'essenza nel diverso. Quando la tua mente e il tuo spirito sono diventati flessibili, anche il tuo corpo è forte e fluido, flessibile e agile». Quello che diceva è vero, l'ho sperimentato molte volte: quando la tua mente e il tuo spirito sono mobili, e quando sono ben intrecciati con il tuo corpo, puoi scalare ogni monte. Ma quando la tua mente è preoccupata e il tuo spirito è depresso, il tuo corpo è troppo stanco per salire.

L'avena odorata ci insegna questo: sii intrecciato con te stesso! Sii in equilibrio con te stesso. Da solo ogni filo d'erba è fragile, ma intrecciati sono infrangibili – e flessibili, mobili e agili. In armonia con te stesso sei infrangibile e mobile.

Se non sei in armonia con te stesso, ti ammali. Malattia vuole dire: essere fuori equilibrio. Ma se intrecci bene il tuo corpo, la tua mente e il tuo spirito e li porti in equilibrio, diventi un essere integro e sano. La tua mente diventa così flessibile che puoi riconoscere e accettare le conoscenze e la saggezza degli altri; il tuo corpo diventa agile e mobile, perché sei in armonia con te stesso.

Quando mia nonna ci parlava dell'avena odorata, alla fine prendeva in mano una treccia, la metteva vicino al suo naso e l'annusava da ogni lato. «Questa è la migliore *medicina* per calmarti» diceva. «Quando il tuo cuore è in subbuglio, ti riporterà a terra. Quando i tuoi nervi sono scoperti, ti calmerà. Quando la tua mente non vuole stare ferma, la placherà». Questo è l'insegnamento di un'erba molto semplice – dell'unica erba che parla la lingua del Creatore riflettendo la luce del Sole con gratitudine.

Le malattie

Ci sono delle malattie dello spirito, e ci sono quelle del corpo. Nello stesso modo in cui il tuo corpo può perdere il suo equilibrio, anche il tuo spirito può perdere il suo equilibrio. Innanzitutto, però, c'è la malattia della dissonanza tra spirito e corpo. Ognuna di queste malattie può essere guarita, ognuna in un modo diverso. Quando ti rompi un dito, ti serve un medico bravo che ti raddrizzi e stecchi il dito – affinché possa tornare nella sua posizione. Quando si ammala il tuo spirito, non è così facile. Non basta mettere una stecca; hai bisogno di un medico che riporti in equilibrio il tuo spirito. Gli sciamani sono medici di questo tipo.

Come sciamano guarisco con il mio *Qilaut*. Lo batto per darti una vibrazione armoniosa. Le sue vibrazioni penetrano il tuo corpo e lo riallineano. Ti accordano affinché trovi il tuo equilibrio, affinché trovi chiarezza in te stesso e con le tue emozioni. Tutte le malattie dello spirito sono connesse alle tue emozioni e alle tue relazioni con altri. Si manifestano anche nel corpo fisico, ma la loro origine sta altrove. Rabbia, paura, frustrazione, gelosia: queste quattro malattie dello spirito rodono il tuo fegato. Ti fanno ammalare fisicamente, tuttavia la loro origine sta nel tuo spirito. O la paura: la paura attacca il tuo stomaco. Perciò le emozioni ti danno delle indicazioni molto valide se vuoi comprendere e guarire il tuo corpo. Devi saper capire le tue emozioni.

Per fare ciò abbiamo dei buoni aiuti. Ti ho già raccontato dei tanti diversi battiti del cuore che ti dicono qualcosa sulle tue emozioni. E degli odori differenti: ogni emozione ha un altro odore dal quale puoi riconoscere come sta la persona che è con te. Questo è il motivo del perché noi eschimesi ci baciamo col naso. Annusiamo i nostri cari e così sappiamo come stanno. Puoi sentire col naso se il tuo amato o la tua amata è triste, se è allegro, depresso, emozionato. È un peccato che la maggior parte delle persone abbia perso il suo senso dell'odore.

Come il battito del cuore, anche l'odore ti aiuta a conoscerti meglio. E questo è lo scopo di ogni guarigione: sappi chi sei! Riconosci te stesso! Perché quando avrai esplorato te stesso, arriverai al punto di riconoscere: «Sì, vale la pena tornare a casa. Sono prezioso». E amerai te sesso. Questo amore è la *medicina* migliore; guarisce la tua malattia spirituale, guarisce la malattia del tuo spirito. Ti riporta in armonia, equilibrio, sintonia. Quando faccio una guarigione dico alle persone che non posso fare niente per loro finché non accettano il loro malanno amorevolmente – finché non accettano tutto quello che accade loro. Senza questa accettazione la guarigione non può accadere.

Quasi tutte le malattie hanno dimensioni diverse. Quasi sempre hanno a che fare con il corpo e con lo spirito. Guarire significa: ripristinare l'equilibrio in ambedue le dimensioni. Soprattutto significa: ripristinare l'equilibrio tra corpo e spirito. Per il ripristino dell'equilibrio fisico abbiamo diversi tipi di medicina; può essere la medicina moderna occidentale o la medicina classica degli esperti di medicina con le loro erbe e diete.

Ma una medicina fisica da sola non solleva il tuo spirito. Perciò ci vuole la medicina spirituale degli sciamani e delle cerimonie. Essi alzano il tuo spirito, e appena si alza il tuo spirito, il tuo corpo starà meglio. Un unico sorriso rinforza il tuo sistema immunitario. Perciò, quando ti tagli, sorridi, trattati bene, alza il tuo spirito. La ferita guarirà. Tutto ciò che alza il tuo spirito, ti farà guarire. Alla fine guarigione non significa nient'altro che liberarti dalla pesantezza del tuo essere interiore. Guarda il mondo, è pesante, è malato. Un sorriso aiuta, un atteggiamento positivo può mettere tutto in una luce di guarigione.

Vorrei raccontarti una storia: molti anni fa ero a una conferenza a Macao. Là incontrai il nipote dello sciamano dell'ultimo imperatore cinese. Era un omino piccolissimo, ma emanava un'energia incredibile. Dapprima non l'avevo notato, avevo soltanto sentito la sua emanazione, ma poi lo vidi alla fine di un corridoio. Stava là con le braccia aperte. Andai da lui, lui mi prese tra le sue braccia. Siamo rimasti insieme così per un po' di tempo. Appoggiai la mia testa sulla sua spalla. Non sapevo chi fosse; non sapevo il suo nome. Ma sentivo la sua energia. A un certo punto arrivò il mio interprete. Voleva portarmi da qualche parte, ma lo fermai. Il vecchio appoggiò le sue mani sulle mie spalle e disse: «Ti aspettavo». Ti puoi immaginare l'irritazione del mio interprete. Non capiva niente di tutto ciò e non credeva alle sue orecchie quando il vecchio diceva chi era.

Alla fine mi invitò ad accompagnarlo a casa. Era una casa minuscola, con solo una cucina e due stanze con ciascuna un letto a castello. Questi e un televisore erano gli unici mobili. L'uomo preparava il tè – e poi cominciò a raccontare. Disse: «Vengo da una ricchezza che non ti puoi immaginare. Sono nato nella Città Proibita, perché mio padre era l'ultimo sciamano dell'imperatore. Ma poi venne Mao. Mise mio nonno davanti alla scelta: o muori, o fai la rieducazione, o vai in esilio. Mio nonno si guardò intorno e disse: esilio. Ma nessuno voleva accoglierlo. Alla fine trovò rifugio a Macao, che allora era una colonia portoghese. Poteva rimanere a Macao, ma poteva muoversi solo in un'area di un chilometro quadrato. Lì sono cresciuto, lì ho passato la mia vita. Quello era il mio mondo».

Questa storia mi ha toccato profondamente. Avresti dovuto vedere quest'uomo – quest'uomo che aveva passato la maggior parte della sua vita in un chilometro quadrato. Che ha visto il mare da casa sua, ma non l'ha mai toccato. Quest'uomo portava dentro di sé un amore incommensurabile. Non accusava il governo cinese. Accettava il suo destino, diceva «Sì». Tra tutte le persone che ho incontrato finora, all'infuori della mia famiglia, lui era lo sciamano più grande. E ho incontrato molte persone. Era autentico, era reale. Portava dentro di sé la grandezza incommensurabile del Grande Cielo. Perciò poteva accettare quello che l'Uno Grande gli aveva dato.

Non ho mai dimenticato quest'uomo. È diventato un esempio per me. Un giorno vorrei diventare come lui. Vorrei avere questa forza e questo potere di accettare tutto ciò che mi viene dato – dire sì senza chiedere.

Le tre preghiere

Il tuo corpo ha bisogno di una preghiera. La sua preghiera è il cibo di cui si nutre. Questa preghiera fa diventare il tuo corpo forte e vigoroso.

Il tuo spirito ha bisogno di una preghiera. La sua preghiera è una canzone. Questa preghiera alza il tuo spirito e fa sorridere il tuo cuore.

Anche la tua anima ha bisogno di una preghiera. La sua preghiera sono le parole che rivolgi al tuo Creatore: le tue parole di ringraziamento per il dono della vita che ti ha dato. Con le tue parole ti connetti con il tuo Creatore. Nessuno, e veramente nessuno, potrà mai vivere senza la connessione col suo Creatore. Ma quasi nessuno di noi arriverà a rendersi conto di questa connessione col Creatore. Perché nessuno ce ne ha mai parlato. Nessuno a scuola, nessuno a casa. Questo è il motivo per cui moltissime persone camminano nel buio e non riconoscono il loro vero sé.

Con queste tre preghiere puoi arrivare a te stesso. Allora camminerai eretto e vigoroso, così com'è il tuo destino – ora e per sempre.

Il toccare

Quando le persone vengono da me per cercare guarigione, a volte non faccio nient'altro che toccarle. Ci sono molti uomini e donne che non sono mai stati toccati nella vita – che non sono mai stati toccati come vorrebbero essere toccati. Quando li tocco sento che qualcosa dentro di loro si muove. Sento che non sapevano com'è essere toccati. Perché nessuno li ha mai toccati.

Ho anche a che fare con persone che conoscono la bellezza dell'essere toccati e ne vorrebbero ricevere di più. Ma non sanno come e dove possono averne di più. Perché il mondo in cui vivono non ha spazio per il toccare ed essere toccato. Vivono in un mondo buio nel quale è difficile essere vigoroso e luminoso.

Voi uomini dell'occidente vivete in un mondo così. Quando vi incontrate, vi salutate appena. Vivete nell'oscurità – pieni di paura su che cosa potrebbero pensare gli altri di voi. Nascondete la vostra bellezza – davanti a voi stessi e davanti agli altri. Perciò non potete vederla; perciò non vi lasciate toccare; e perciò non osate toccare gli altri.

Mia madre prendeva le persone tra le sue braccia, anche persone completamente sconosciute. Scioglieva il ghiaccio nei loro cuori semplicemente toccandole. Nell'essere toccati sta la guarigione. Lasciati toccare! E osa toccare!

Guarire la terra

Tutti noi abbiamo perso il contatto con la terra. Abbiamo perso il contatto con il mondo animale. Lo puoi vedere ovunque, soprattutto in Europa. Voi europei siete dell'idea di dover proteggere gli animali, ma non capite niente dell'equilibrio nel mondo animale. Proteggete alcune specie di animali che poi si riproducono a dismisura e distruggono l'equilibrio. Altrettanto avete l'idea di poter creare delle piante nuove con la manipolazione dei geni e la coltivazione. Ma non considerate che così disturbate l'equilibrio di Madre Terra. Non comprendete le conseguenze delle vostre azioni. Non vedete che distruggete la molteplicità e private la terra della sua bellezza. Violentate la terra in tutti modi – e per niente.

Ma i vecchi dicono: «Madre Terra è talmente forte che supera tutto. Però gli uomini che non sapranno adattarsi, moriranno». La terra cambia in continuazione, l'ha sempre fatto e lo farà sempre. L'uomo continuerà a vivere soltanto se anche lui cambia; se si adatta a Madre Terra. Perciò la cosa migliore che possiamo fare è connetterci con Madre Terra: sia per noi stessi sia per la terra. Guariamo noi e guariamo la terra, quando siamo connessi con essa.

Come possiamo creare la connessione con Madre Terra? Sciogliendo il ghiaccio nei nostri cuori. Solo così cambieremo e cominceremo a usare la nostra conoscenza con saggezza.

Questa è la nostra responsabilità. Siamo chiamati a essere i guardiani e i custodi della terra. Non abbiamo fatto bene questo lavoro. Avremmo potuto imparare da tutti gli altri esseri. Gli animali non fanno la guerra gli uni contro gli altri. Le piante non si uccidono tra di loro. I minerali non si combattono; solo noi umani lo facciamo, uccidiamo, distruggiamo. E dovremmo essere i custodi e i guardiani della terra! No, non abbiamo fatto bene il nostro lavoro. Abbiamo messo in subbuglio tutto – inclusi noi stessi. Perciò: se vogliamo guarire la terra, dobbiamo guarire noi stessi. Dobbiamo ritrovare il contatto con la terra. Nessuno ci può togliere questo compito; nessuno *te* lo può togliere.

La Dea del mare

La vastità infinita dell'oceano è la casa della Dea del mare. Hai mai sentito di lei? C'è una vecchia storia: molto tempo fa un uomo e una donna vivevano con la loro figlia in una piccola casa vicino al mare. Quando arrivò il tempo in cui la ragazza avrebbe dovuto sposarsi, ella si rifiutò. Era molto schizzinosa. Molti giovani prestanti andarono nella sua casa, ma nessuno le andava bene. Un giorno, però, arrivò un uomo che piaceva molto ai genitori. «È lui», le dicevano, ma lei continuava a fare la difficile. Così il tempo passava, finché un giorno apparve uno che credeva fosse l'uomo della sua vita. Lo seguì e andò via con lui. Dopo anni suo padre partì per andare a trovarla nella sua nuova dimora. Suo marito era fuori casa, perché era andato a caccia. La ragazza si buttò al collo di suo padre e lo implorò di portarla con sé a casa. Ma il padre rispose: «No. Sei sposata. Devi prenderti cura di tuo marito». E la lasciò.

Tornato a casa, raccontò a sua moglie del desiderio della figlia che lui aveva rifiutato. Sua moglie si disse d'accordo. Dopo un po' di tempo, però, quando andò di nuovo a trovare sua figlia, si ripeté la stessa scena. La figlia implorava con insistenza suo padre di portarla via con sé, ma lui rifiutò ancora una volta. E quando ritornò per la terza volta, la ragazza saltò nella barca del padre, così grande era il suo desiderio di lasciare suo marito e ritornare dai suoi genitori. E così il padre la portò con sé.

Usciti in mare aperto, si avvicinò un temporale. La barca era in grande pericolo, e per i due c'era soltanto una soluzione: o il padre o la figlia avrebbe dovuto buttarsi nelle onde affinché l'altro potesse salvarsi. Il padre sapeva che sua moglie non poteva vivere senza di lui, essendo lui il cacciatore e chi manteneva la famiglia. La ragazza – sua figlia che amava tanto – aveva un marito dal quale stava scappando. Lui poteva benissimo vivere senza di lei e cercarsi un'altra moglie. Solo uno poteva sopravvivere: la ragazza non era un cacciatore, non poteva mantenere la madre. Dibattuto tra queste alternative alla fine il padre la spinse fuori nell'acqua gelida; altrimenti sarebbe morto lui e anche sua moglie. La ragazza si aggrappò alla barca, ma il padre le picchiò le dita, e lei affondò nell'oceano. Lui vide ancora come i suoi capelli lunghi si allargavano nel mare in tutte le direzioni mescolandosi alle onde; poi sparirono. La tempesta si placò e il mare si calmò. Il padre poté tornare da sua moglie e la figlia diventò la Dea del mare.

Un giorno uno sciamano venne al mare per trovarla. Lei si lamentò che non poteva pettinare i suoi capelli perché le sue dita erano rotte. Perciò li pettinò lui. E mentre lo faceva, il mare liberava tutti gli esseri viventi: le balene danzavano e le foche affioravano. Anche i pesci potevano muoversi liberamente senza ingarbugliarsi nei capelli della Dea.

Così avvenne che gli uomini poterono nutrirsi dal mare pettinando i capelli della Dea del mare. Perché questa è la saggezza del mare: in esso vive una Dea che ha il potere di trattenere tutto ciò che vive dentro il mare – ma che ha anche il potere di liberare tutto ciò che vive dentro di esso. E dipende da noi, se lei ha delle buone intenzioni o no. Dipende da noi se trattiamo l'oceano bene o male.

Solo pochissimi sanno quello che devono fare – cosa vuole dire pettinare i capelli della Dea del mare. Perciò noi eschimesi abbiamo la cerimonia di uno sciamano che fa un viaggio interiore per pettinare i capelli della Dea del mare. Per fare ciò non deve andare sulla costa; può fare questo viaggio ovunque, alla condizione però che si immerga molto, molto profondamente negli abissi più remoti del mare e che tratti bene la Dea del mare.

Ho fatto questo viaggio diverse volte. Mi sono immerso in un mondo completamente diverso – in luoghi dove normalmente gli uomini non vanno mai.

La Dea del mare non domina soltanto la vita; è anche la padrona della conoscenza. Sapevi che l'oceano è la sede della conoscenza? Tutta la conoscenza è nell'oceano. Ma noi uomini non possiamo vivere nell'oceano: è talmente freddo, è talmente profondo. Vediamo solo la superficie dell'oceano, e ci atteniamo a essa. Ma attenzione! L'oceano è affamato, vuole inglobare tutta la conoscenza. Le sue onde, con le quali sembra giocare pacificamente sulla spiaggia, vogliono catturarti. Vuole la tua conoscenza. E molto spesso ha successo; molto spesso delle persone annegano. Ogni volta che una persona annega nelle sue onde, l'oceano è felice, perché ha conquistato della nuova conoscenza. È insaziabile. Per questo motivo tante persone muoiono nell'acqua. E una volta che ha ingoiato un essere umano e la sua conoscenza, non lo restituisce più, esso si dissolve; non lo puoi più trattenere. Perciò noi non seppelliamo i nostri morti nel mare. Là li perderemmo per sempre. Sulla terraferma, sulla loro tomba, puoi sentire la loro energia. Là fanno crescere della vita nuova – circondati da erba e fiori. Con il canto degli uccelli. L'oceano invece toglie tutto.

D'altronde, però, tutto il vivente nasce dall'oceano. Esso dà e toglie, è vita e morte, inizio e fine. Niente esiste separato dall'altro; tutto è connesso con tutto. Il cerchio si chiude sempre.

Magari conosci la storia di Noè – la storia del diluvio universale. A quei tempi le acque divorarono tutta la conoscenza umana. Solo così un nuovo inizio era possibile. Tutto ciò dimora nell'oceano. Anche tutta la saggezza. Possiamo averne un'idea quando il Sole brilla sulle sue onde e la luce balla e scintilla su di esso – in quei momenti possiamo percepire quanta conoscenza e quanta saggezza ci sono nella sua profondità. Possiamo percepire quanto c'è da sapere e da imparare in questo mondo, di cui non abbiamo la più pallida idea.

Chi vuole raggiungere quei tesori, deve immergersi fino alla casa della Dea del mare. Deve pettinare i suoi capelli. Ma solo uno sciamano può farlo, perché solo lui sa come possiamo usare l'enorme conoscenza dell'oceano. Sa che non è sufficiente avere tutta la conoscenza – ma che dobbiamo utilizzare la nostra conoscenza con saggezza. Se non usiamo la nostra conoscenza con saggezza – quale utilità può avere per noi? Nessuna.

Chiedi che cosa puoi fare per usare la conoscenza con saggezza. Be', lo sai già! Sciogli il ghiaccio nel tuo cuore! Solo se sciogliamo il ghiaccio nei cuori degli uomini, l'uomo ha la possibilità di cambiare e di usare la sua conoscenza con saggezza. La saggezza dimora nei nostri cuori, nel tuo cuore, nel mio cuore.

Il tricheco

Il tricheco si immerge profondamente nel mare, fino a raggiungerne il fondo. Laggiù è molto buio. Per questo motivo ara il fondo del mare con i suoi denti imponenti e scova tutto ciò che è sprofondato nell'oceano – tutta la conoscenza. Il tricheco lo scava affinché possa salire come le bolle d'aria prodotte dal tricheco. Così la conoscenza arriva alla superficie, dove brilla e risplende nella luce del Sole. Ringraziamo il tricheco; ci fa un grande servizio.

Quando vedi qualcuno che porta la *medicina* del tricheco, abbi un grande rispetto per lui. È una persona capace di esplorare la conoscenza nelle profondità.

Quando eri bambino, ti sentivi connesso col regno animale. Capivi il linguaggio degli animali, e gli animali capivano te. Così era quando l'umanità era ancora giovane. Capivamo il mondo, lo vedevamo con occhi diversi. Ma più siamo diventati grandi – più sei diventato grande – più abbiamo perso lo sguardo per gli altri esseri. Non solo per gli animali, ma anche per tutti quegli esseri di cui raccontano le nostre fiabe e miti: quelle entità che gli esseri umani frequentano soltanto nei libri di fiabe. Fate, troll, gnomi, tutti esistono, sono sempre esistiti. Ma abbiamo perso la capacità di vederli. E potremmo imparare tantissimo da loro. Hanno conoscenze incredibili. Ma non riusciamo a contattarli. Non ci proviamo neanche. Abbiamo perso la fede in loro e li abbiamo fatti diventare dei personaggi nei libri per bambini.

Che cosa possiamo fare? Connetterci con la terra. Intraprendere la strada del mondo sciamanico. Cercare sciamani che ci mostrino la via – sciamani che capiscano il linguaggio delle entità.

I tempi della vita

Le stagioni

Per mia nonna Aanakasaa era molto importante farci capire il significato dell'anno nuovo. Bisogna sapere che noi non conosciamo il calendario gregoriano. La nostra cronologia segue la Luna e si orienta secondo le stagioni. Quando il lungo inverno si avvicinava alla fine e la luce stava per ritornare, la nonna ci raccontava la storia dell'anno nuovo. «Come fate a riconoscere l'anno nuovo?» chiedeva. «Che cosa succede quando arriva l'anno nuovo?» E poi diceva: «Quando il Sole, per la prima volta, splende nuovamente sull'ombelico di Madre Terra» con questo intendeva il Polo nord, «arriva l'anno nuovo. Il segno dal quale potete riconoscere che questo giorno si sta avvicinando, è il ritorno dello zigolo delle nevi». Perciò prometteva un premio per chi avesse visto per primo uno zigolo delle nevi in primavera. Ancora oggi sono molto orgoglioso di aver vinto due volte.

E poi la nonna raccontava con un amore infinito l'insegnamento delle quattro stagioni: «Con l'autunno» diceva, «finisce il tempo della pienezza. Esso crea spazio per Madre Terra affinché possa riposare. Se non sei preparato all'autunno della tua vita, l'inverno ti butterà in una profonda disperazione!» Poi parlava dell'inverno. Raccontava che l'inverno copre la nostra Madre Terra con un telo bianco – con un telo bianco tenero e bellissimo sotto il quale può dormire. Diceva: «Una mattina ti sveglierai da un sonno profondo. Vedrai i monti coperti di neve, sembreranno invecchiati durante la notte. I loro capelli saranno diventati bianchi – come i capelli degli Anziani qui da noi. Ma poi verranno tempeste alle quali nessuno può resistere. I venti soffieranno e soffieranno finché niente sarà più visibile – né dentro né fuori. Quando soffieranno questi venti, non saprai più dove dirigere i tuoi passi. Così è l'inverno della tua vita».

La maggior parte delle persone viene sorpresa dall'inverno della loro vita. L'inverno sopraggiunge, e loro non sono preparati. Credono di poter rimanere giovani per sempre. Hanno paura dell'inverno – delle tempeste, del ghiaccio. Ed è vero: l'inverno è sgradevole. Ma se lo guardi con occhi diversi, perde la sua spaventosità, e guardando l'inverno come il bel telo bianco che si stende sopra Madre Terra, non devi più temerlo.

Della primavera mia nonna diceva: «Quando il Sole ritorna e inizia la battaglia contro l'oscurità dell'inverno, il suo calore forte e meraviglioso comincia a sciogliere la neve e il ghiaccio, goccia dopo goccia. È come se le lacrime gelate di Madre Terra fossero liberate...»

Dopo, finalmente, segue l'estate. È il periodo più vigoroso della vita. Durante l'estate viviamo all'aperto. Da bambini passavamo ogni estate fuori in campagna, insieme agli animali appena nati. Li osservavamo, giocavamo con loro, imparavamo a conoscerli. Così imparavamo la vita, così imparavamo chi siamo. Così imparavamo la strada verso casa.

Le quattro età della vita

La vita ha inizio nell'est. Dall'est viene l'alba; lì sei nato. Da lì vieni, da lì veniamo tutti. Ce ne ricordiamo, e ci volgiamo là quando celebriamo la cerimonia della capanna sudatoria. Durante questa cerimonia, prima ci volgiamo verso est e rammentiamo i bambini – quelli già nati, e quelli che nasceranno. Parla loro e prega che non debbano passare tutto ciò che tu e i tuoi antenati avete dovuto passare. Perché la vita dei vecchi non era facile, e anche la tua vita non è sempre facile. Perciò prega che i nostri bambini e nipoti possano avere una vita migliore.

Dopo rivolgiti verso sud. A sud il Sole sta alto nel cielo. La vita è giovane e spensierata. Tutto cresce e prospera. Prega che i nostri bambini possano godere della vita. Ti ricordi com'era quando eri giovane? Eri pieno di vita, di voglia di scoprire, di conoscere e di desideri. Ma altri non hanno mai potuto fare questa esperienza. Prega per queste persone, che anche loro possano essere toccate in questo modo dalla vita.

Dopo rivolgiti verso ovest; là dove il Sole tramonta. La sera è il tempo della maturazione. Sei diventato adulto. Hai assunto delle responsabilità. Procuri da vivere per i tuoi. Raccogli e prepari gli alimenti, vai a caccia, coltivi la terra. Nutri la tua famiglia. Questi sono compiti importanti. Con il volto rivolto a ovest prega perché tu riesca ad adempiere a questa responsabilità in modo giusto – perché tu sappia sempre quello che stai facendo.

Alla fine rivolgiti verso nord, verso la notte. Là rammenta i vecchi e la vecchiaia. Lo scopo della vecchiaia è di godere dei frutti della nostra vita, di raccontare le storie che abbiamo vissuto.

La vecchiaia è stata creata perché tu possa essere circondato da coloro che ami – e da coloro che ti amano; da quelli che ascoltano le tue storie. Perché avrai delle esperienze importanti che vorrai trasmettere. Gli Anziani, però, dicono: «Ogni essere umano diventa vecchio. Ma tu e io, saremo soli, quando diventeremo vecchi?» E la loro risposta è: «Sì, la maggior parte di noi sarà sola nella vecchiaia». Perché? Perché tu e io non abbiamo educato i nostri figli in modo che si prenderanno cura di noi quando saremo vecchi. La maggior parte di noi passerà la vecchiaia in un ricovero o in una residenza per anziani. Se va bene, i tuoi figli verranno a vederti una o due volte all'anno. Non di più, perché saranno occupati e vivranno la loro propria vita.

Capirai di aver sbagliato qualcosa, ma non ci sarà nessuno ad ascoltarti. Nessuno sarà interessato alla storia che avrai da raccontare. E comprenderai che hai sbagliato qualcosa quando eri rivolto verso est, e quando i tuoi figli sono nati. Allora avresti dovuto pregare per loro. Avresti dovuto aiutarli a giocare in libertà e gioia, quando il Sole è allo zenit – e aiutarli a trovare il loro posto quando il giorno comincia a tramontare ed essi hanno la responsabilità per se stessi e per gli altri: di essere presenti per i giovani, e di prendersi cura dei vecchi.

Perciò, quando sei rivolto a nord, prega per i vecchi: che ci siano delle persone che si prendano cura di loro. Prega per i tuoi figli: che crescano in modo che si prendano cura di te quando sarai vecchio. Ma anche tu, prenditi cura di loro; così sentiranno da soli il desiderio di prendersi cura di te più tardi – verranno da soli da te e ti chiederanno di raccontargli della vita. Ma la maggior parte dei bambini non lo farà mai. La maggior parte delle persone invecchia, e non c'è nessuno a cui possono raccontare le loro storie. Nessuno li ascolterà. Prega per queste persone – e prega per te che i tuoi figli siano con te nella vecchiaia.

La morte

La vita non ha né inizio, né fine. Affinché qualcosa di nuovo possa diventare vivo, qualcosa di vecchio deve morire. Questo me l'ha insegnato mio padre. Raccontava che una volta, mentre girava fuori nella campagna selvaggia, scoprì delle tombe. Si avvicinò e si chiese chi era sepolto là. Vide che una delle tombe era vuota. Sussultò perché sentì: «Questa tomba è per me!» Era in zona deserta, tutto solo; non c'era nessuno. Decise che era il momento di parlare col suo

Creatore. Gli chiese: «Vuoi che mi sdrai dentro questa tomba?» Il Creatore gli rispose: «Uhm». Continuò a chiedere: «La mia amata si ricorderà del mio sorriso? Si ricorderà della bellezza che era intorno a me quando le dicevo che la amavo? Si ricorderà del tono della mia voce quando le parlavo del mio amore?»

L'Uno Grande gli rispose: «Credi veramente che sarai dimenticato quando sarai nella tomba? Hai paura di quello?» «Sì» disse mio padre, «ho paura di essere dimenticato da tutti». L'Uno Grande replicò: «Finché ci sarà l'erba che cresce sulla tua tomba, e finché un piccolo uccello canterà sulla tomba – credi davvero che sarai dimenticato? No, non sarai mai dimenticato; rimarrai sempre nei ricordi. L'erba che cresce sulla tua tomba, l'uccellino che canta sulla tua tomba, sono i segni che non sarai mai dimenticato da me. Gli uomini possono dimenticarti, ma il tuo Creatore ti ricorderà per sempre».

Per me, questo è una grande consolazione. So che la vita finirà, so che sarò seppellito. E so che la maggior parte degli uomini, col tempo, sarà dimenticata. Ma il Grande, nella Sua saggezza infinita, dice: «L'erba crescerà sulla tua tomba, i fiori sbocceranno sulla tua tomba, e gli uccelli canteranno sulla tua tomba – questi sono i miei segni che non mi dimenticherò mai di te».

Se hai compreso questo, la morte non ti spaventerà più; diventa parte della tua vita. E potrai andare eretto e vigoroso nell'altro mondo. Quando tutto sarà compiuto, il Creatore ti darà il benvenuto. Fiori fioriranno, uccelli canteranno. Cosa possiamo desiderare di più. Non c'è niente da temere.

Il morire

I vecchi del mio popolo dicono: «Tu e io – non sappiamo quando moriremo. Ma con l'aiuto della nostra famiglia attraverseremo la vita con uno spirito chiaro e sveglio. E sapremo che non c'è niente di cui aver paura – niente, assolutamente niente. Non sappiamo quando moriremo, ma sappiamo che non dobbiamo temere la morte». Perché? Perché siamo parte della grande ruota della vita che non ha né inizio né fine. Perché siamo collegati con tutto nella grande rete della vita. Non c'è vita senza morte.

Tuttavia siamo degli esseri vacillanti. All'ultimo respiro ti prende la paura – la paura di poter sparire come un alito, e niente di te possa rimanere. Se ti prende quella paura, vuole dire che non hai imparato a camminare eretto e vigoroso attraverso la vita, in modo maestoso e virile come faceva mio padre. Quando era sul letto di morte, chiese alla famiglia che si era radunata intorno a lui: «State bene?» Ci tenevamo per mano, e mia madre gli rispose: «Amato, tutti qui stanno bene». Mio padre non aprì più gli occhi. Disse soltanto: «Sono felice di sentire questo». E mia madre disse: «Adesso sei pronto». Mio padre sorrise; questo era la fine. Andò eretto nell'altro mondo – così come aveva camminato tutta la sua vita. Tutti noi eravamo testimoni della sua partenza.

Nello stesso modo fece mia madre. Quando era sul letto di morte, aprì gli occhi per l'ultima volta e disse: «Ah, siete tutti qua». Poi chiese: «State tutti bene?» Toccava a mio fratello maggiore rispondere, e disse: «Sì, madre. Tutti stanno bene». Lei replicò: «Grazie». Questa fu la sua ultima parola.

Così come mio padre e mia madre, delle generazioni di uomini nel nord se ne sono andati nell'altro mondo: circondati dai loro cari, sapendo di lasciare un'eredità buona. Andavano eretti e vigorosi – così com'è il loro destino, ora e per sempre. Non sapevano quando sarebbe arrivato il momento. Ma camminavano eretti e vigorosi. Andarsene così dalla vita – questo è l'essenza del morire. Hai tempo tutta una vita per impararlo. Prega per te, perché tu possa andartene così, quando tutto sarà compiuto.

Non so in quali condizioni morirò. Se sarò felice, o se mi contorcerò per la paura. So però come devo camminare ora: eretto e vigoroso. Questo è quello che conta; questo mi toglie la preoccupazione; questo mi fa andare incontro alla fine con sguardo diritto.

Voi occidentali l'avete dimenticato. Fate di tutto per non guardare la morte in faccia. Siccome avete tanta paura della morte, spendete miliardi di euro o dollari per rimanere vivi. Avete creato un mondo intero per evitare la morte. Non è follia? Non dice già tutto sulla limitatezza della vostra cultura? Avete disimparato a vedere la bellezza di un una persona che sta morendo. Così avete disimparato a celebrare la vita come una festa. Rammenta: la vita è una cerimonia – degna di essere celebrata con una cerimonia. Anche davanti alla morte.

Quando una persona è morta, noi eschimesi facciamo una cerimonia. Facciamo una festa, ridiamo, cantiamo e balliamo. Innanzitutto raccontiamo delle storie della vita del defunto. Non importa in quali circostanze se ne è andato – se la sua famiglia era presente, o se aveva avuto un incidente durante la caccia. Celebriamo e lo ricordiamo, e siamo felici di averlo conosciuto. Finché, alla fine, l'Anziano dice nel cerchio: «Abbi un buon viaggio!» Questa è la cerimonia con la quale onoriamo i nostri morti.

Quando, assieme ai padroni coloniali, arrivarono i missionari, questi volevano impedirci di celebrare le nostre cerimonie. Volevano che cadessimo in ginocchio e piangessimo i nostri morti in chiesa. Ciò creò in noi una grande confusione. Naturalmente anche noi conosciamo il lutto quando una persona cara ci lascia e rimaniamo da soli. Ma per noi questo lutto rimane inferiore alla gioia della memoria e dei ricordi. E inferiore all'amore.

Solo quando mancano l'amore e la gioia, il dolore ci sopraffà. Solo allora cadiamo in ginocchio. Nel mondo occidentale, quasi tutti fanno così: si afflosciano quando la morte li tocca. Perché? Perché non percepiscono la vita come una festa, e perciò hanno disimparato a vedere la bellezza nella vita dei defunti.

Gli uomini del nord hanno lottato per la loro libertà. Non volevano essere costretti a piangere nelle chiese. Là non c'era bellezza; là c'erano solo delle lacrime. Là non c'era nessun camminare eretti, solo il cadere in ginocchio. Ma quando ti ricordi della bellezza nella vita del defunto, il tuo spirito si solleva. Dalla sua bellezza ti arriva della forza. Senti la sua presenza. Allora puoi respirare. Senza la bellezza non possiamo vivere, soprattutto di fronte alla morte. Perciò è tanto importante celebrare la morte, invece di sprofondare nel lutto. E perciò è tanto importante mantenere la memoria della bellezza del defunto.

Entrando in una delle nostre case, trovi le immagini dei defunti. Essendo nel cerchio di una famiglia, sentirai raccontare le loro storie. Sentirai degli aneddoti divertenti, e si riderà di gusto. Forse ti faranno vedere un regalo che il defunto ha lasciato. Perché da noi si usa così: sul letto di morte, il morente dà un piccolo regalo a ciascuno dei presenti. E tutte le volte che prendi in mano questo regalo e lo fai vedere a un'altra persona, lo spirito del defunto diventa vivo. Quando vado a trovare mia sorella, riapre ogni volta il regalo che nostra madre le ha dato sul letto di morte. Lo prendo in mano e lo appoggio sul mio petto. E subito lo spirito di nostra madre è presente. Ci guardiamo e sorridiamo. Poi glielo rendo, e lei dice: «Ah, la nostra cara mamma!» Parliamo di lei, ci raccontiamo delle storie. Sempre storie diverse, sempre, e ancora. Mia madre è con noi; possiamo sentire la sua presenza.

La morte appartiene alla vita. Non va bene rimuoverla. Noi eschimesi viviamo nella consapevolezza costante della morte. La memoria del defunti non è legata a giorni precisi. Fa parte della vita quotidiana; ha luogo in qualsiasi posto e qualsiasi tempo. Ci solleva. Ricordati: la vita è una cerimonia. Celebrala rammentando i morti. Verranno a celebrarla con te.

L'aurora boreale

Quando una persona se n'è andata nell'altro mondo, la rivedrai: come aurora boreale che balla nel cielo. Quando ti ricordi dei morti e, dalla profondità del tuo cuore, canti per loro una canzone o fischi una melodia, verranno. L'anima che stai rammentando, sarà talmente felice che inviterà subito tutta la sua famiglia, tutti i suoi amici e conoscenti, per ballare insieme: come girotondo luminoso nel cielo nordico. E tu sarai presente al loro ballo. Ti saranno così vicini che li potrai quasi toccare. Addirittura li sentirai, perché l'aurora boreale emette dei suoni. Non c'è niente di più bello di questo girotondo. Non c'è niente di più bello che onorare, dalla profondità del tuo spirito, le anime delle persone che sono andate prima di noi.

Non essere triste se vivi in una zona del mondo dove non li puoi vedere danzare nel cielo. Fischia lo stesso una melodia per loro – una canzone silenziosa, una canzone intima, una canzone che ti connette con loro. Loro ci saranno, e balleranno. Perché hanno soltanto un desiderio: il desiderio di essere ricordati. Se, anche solo per un breve momento, li rammenti con sincerità e amore, li rendi felici.

Ricorda: l'altro mondo non è tanto più distante da te della lunghezza del tuo braccio. I morti sono sempre qua; ci guardano sempre. Siamo noi che non sappiamo di poterli guardare. Non sappiamo che possiamo toccarli. Ma nella profondità del tuo spirito sai che non sono tanto più distanti da te del libro che tieni nelle tue mani.

Il ciclo della vita

Vita e morte sono la stessa cosa. È un ciclo eterno, senza inizio né fine. Ogni volta che una persona va nell'altro mondo, nasce un altro essere. Il neonato prenderà lo spirito del defunto, e così la vita continua. Il vecchio non muore, ma continua a vivere. Continua a vivere sotto forma delle sue storie e della sua conoscenza. Ambedue sopravvivono all'esistenza fisica. Questo è diverso dall'idea della reincarnazione e rinascita che conosciamo da molte religioni. Nella tradizione eschimese questo concetto non c'è. Da noi c'è una vecchia barzelletta che dice che gli eschimesi non credono nella reincarnazione perché hanno paura di rinascere come mosca ed essere sempre cacciati dagli uomini.

Molti anni fa ero ospite in una trasmissione televisiva negli USA. Si parlava dell'arte di guarire. Avevo l'onore di incontrare un lama tibetano. Cominciammo a parlare, e lui mi chiese se noi eschimesi credessimo nella reincarnazione. Gli dissi: «Sì, ci crediamo, ma con una differenza. Non crediamo che inizieremo una nuova esistenza fisica. Crediamo, invece, che continueremo a vivere nelle storie degli uomini, e nella memoria del Creatore».

Ognuno di noi porta dentro di sé innumerevoli storie. Nell'occidente direste: tutta l'informazione del passato e degli antenati è dentro di noi. Qualcuno può portare questa informazione nella coscienza e poi crede di aver già vissuto una volta nel passato. Così nasce l'idea della reincarnazione. Ma io non credo che questa persona sia stata incarnata nel passato. Credo che porti dentro di sé le storie del passato, l'informazione. So che porto dentro di me delle storie del Settecento. Non ho vissuto allora, ma l'informazione si trova dentro di me. Non è eccitante? Quando morirò e il mio corpo si disintegrerà – tutte queste storie che porto dentro di me continueranno a vivere. Alcune di queste storie sono vecchissime. Da millenni gli uomini le hanno trasmesse. Io sono uno di loro, e ora la mia storia è indissolubilmente collegata con esse. Quando un giorno morirò, queste storie non saranno semplicemente "cancellate", ma nascerà un bambino che trasmetterà e racconterà tutte queste storie e tutta questa conoscenza. In questo modo onorerà il mio spirito, e le vecchie storie rimarranno vive. Così il mio spirito continuerà a vivere, anche se il mio corpo decadrà.

Non vivrò un'altra volta in modo fisico; e non ho vissuto fisicamente nel Settecento. Ma alcune delle storie che porto dentro di me hanno origine in quel periodo. E le storie che sto vivendo, e che creano la mia storia, rimarranno vive per altri quattrocento anni. Perché noi eschimesi crediamo che una storia sopravviva per sette generazioni. Alcune delle storie che porto dentro di me hanno veramente l'età di sette generazioni, e sette generazioni future porteranno con sé le mie storie. Ciò vuole dire: l'influenza dei miei antenati ha una portata di quattordici generazioni. Questo è un tempo molto lungo. Perciò ognuno di noi si sente incitato a fare tutto il possibile affinché l'eredità sia custodita e trasmessa bene. Abbiamo una grande responsabilità sia verso i passati sia verso i futuri.

Per questo motivo dovremmo vivere una vita che sia veramente degna di essere vissuta. Non dimenticare: la vita è una cerimonia in se stessa – degna di essere celebrata con una cerimonia.

La tua vita è un dono. Non ti è stata data soltanto per giocare e divertirti con essa. Ti è stata affidata per trattarla con responsabilità. Ti è stata data affinché tu onori lo spirito dei defunti.

Immagina: sono nella tundra groenlandese. L'erba è gelata, tocco la pelle di Madre Terra. Facendo così sento l'energia di quelli che hanno abitato questo Paese. Sento la vicinanza di mia nonna che è nata nel 1893 – e la cui storia, nel 2009, è ancora viva. Capisci: non è che mia nonna ha semplicemente vissuto e a un certo punto è morta. Ha una storia, e questa storia continua a vivere anche dopo la sua morte. Così è per ogni essere umano, ognuno ha una storia. E ognuno deve rendersi degno delle storie dei suoi antenati. Questo dà senso alla vita.

Io so che le generazioni di uomini che hanno abitato il mio Paese non sono vissute inutilmente. Sono vissuti affinché le storie rimangano vive, affinché le cerimonie rimangano vive. Ogni uomo che nasce ha questa responsabilità. Però la maggior parte degli uomini ha perso la consapevolezza di questa responsabilità.

Quando morirò e sarò sepolto, gli animali mangeranno il mio corpo. E questi animali saranno mangiati da altri animali. Quando quegli animali moriranno, i loro resti saranno nutrimento per le piante. E un piccolo fiore azzurro fiorirà sulla mia tomba. Verranno gli uccelli e canteranno la sua bellezza. Non morirò. Il Creatore si ricorderà di me per sempre.

Una nascita, per noi, è sempre un'occasione per festeggiare. Ancora nella pancia, il nuovo abitante della terra viene salutato. Vado a trovare la madre e canto una canzone per il suo piccolo. Poi vado dalla sua famiglia e dico alle persone che presto ci sarà un nuovo essere tra di noi – e che questo nuovo essere porterà con sé lo spirito di un antenato. Naturalmente tutti si chiedono chi sarà il nuovo arrivato. Tutti vanno dalla giovane madre che, con la sua bellissima pancia rotonda, sorride felice; e dal suo marito orgoglioso – sempre con la domanda: «Chi è quello che stiamo aspettando con tanta gioia? Chi sei tu, che camminerai tra di noi e ci racconterai le tue storie meravigliose? Chi sarai quando sarai diventato adulto? Quanto profonda sarà la tua storia? Quali azioni compirai?» Non c'è niente di più eccitante!

Capisci? Una donna incinta non è soltanto incinta. È una donna che porta una grande responsabilità: la responsabilità per uno spirito che ha fatto molto nel passato e che, in futuro, avrà una grande influenza sul bambino e sulla sua famiglia. Perciò, durante la gravidanza, celebriamo le nostre cerimonie con lei, e cantiamo per il suo bimbo; perciò lo tocchiamo e gli parliamo; perciò gli diciamo che l'aspettiamo con gioia. Perché ogni bambino, veramente ogni bambino, è un dono. Ogni neonato è un dono che porta uno spirito nel mondo.

Quando arriva il momento del parto, tutta la famiglia si raduna. Tutti sono presenti alla nascita. Le donne in Groenlandia partoriscono in piedi, con ambedue i piedi ben radicati nella Madre Terra. Quando è arrivato il momento, il padre si mette in ginocchio davanti alla donna per accogliere il bambino. Dopo, tutti i presenti possono toccarlo. Il piccolo viene passato da mano in mano, poi si taglia il cordone ombelicale, e la madre accoglie il neonato sul suo petto. Adesso lo spirito del bambino diventa visibile. Alla nascita entra nella vita. E subito le persone riconoscono chi è arrivato. È la responsabilità dei genitori prendersi cura che il piccolo cresca bene affinché lo spirito e la sua conoscenza si possano sviluppare – affinché le storie che porta con sé possano vivere e addirittura diventare sempre più forti e potenti – come un albero che si erge vigoroso dalle sue radici.

Quando si riconosce quale spirito è tornato nel nuovo abitante della terra, i genitori danno un nome al bambino. Chiamano tutta la famiglia e lo battezzano col nome di colui il cui spirito viene riconosciuto nel loro bebè. Quando arrivarono i missionari, volevano che sgocciolassimo dell'acqua fredda sulla fronte del neonato. Questo, loro lo chiamavano battesimo. Ma questo battesimo faceva piangere i bambini, il che non è il senso del battesimo. Il senso del battesimo è elevare lo spirito del bambino. Si tratta di onorare un antenato trasferendo il suo nome al neonato. Si tratta di celebrare il bambino dandogli un nome. Così il suo spirito può crescere ed espandersi.

Nei tempi passati poteva spesso succedere che un bambino morisse alla nascita. In quel caso gli uomini dicevano: «Un antenato è venuto per farci visita. Solo per alcuni momenti». Capisci? Non c'è stato semplicemente un nato morto. Qualcuno è venuto a trovarci e per questo è valsa la pena che la madre lo abbia portato nel suo grembo per nove mesi. Per nove mesi, un antenato è stato con lei. Ciò è molto importante per la madre; non deve cadere in depressione. Perché sa che qualcuno è stato in visita da lei e così può apprezzare il periodo della sua gravidanza.

Le radici

Tutti gli esseri hanno delle radici: gli uomini, gli animali, le piante, addirittura i sassi e le rocce. Tutti hanno delle radici. Ma le radici delle piante sono particolarmente visibili. Con esse, puoi ammirare il miracolo della radice. Nella mia patria nel nord, il terreno è sempre gelato. Il gelo permanente scende a volte fino a quindici metri nel terreno. Tuttavia ci sono delle piante. Affondano le loro radici attraverso il terreno ghiacciato – quindici metri e anche di più. In superficie sono esposte a tempeste fortissime. Ci sono neve e ghiaccio; possono essere colpite da rocce. Nonostante tutto vivono, perché le loro radici sono forti. Vivono e crescono. Crescono per fiorire. Questa è la loro preghiera. Per questa preghiera si fanno strada lottando, attraverso il ghiaccio e la roccia, argilla e sabbia, neve e pietra. Dalle radici ricevono l'energia; con le radici sono collegate alla grande Vita.

Le pietre e le rocce hanno le loro radici dentro Madre Terra. Sono state spinte fuori dalle montagne, e le loro radici arrivano profondamente nel centro della Terra. Nel mondo delle piante le radici sono ampiamente tessute tra di loro. Le radici danno alle piante la loro solidità. E per la gratitudine che sentono per questo dono, le piante regalano al Creatore la cosa più bella che hanno: i fiori. Nel mondo animale le radici di ogni individuo vanno profondamente nel passato della loro evoluzione. Gli animali conoscono perfettamente il compito assegnatogli da Madre Terra, e lo adempiono tanto bene perché sono in contatto con le loro radici.

E poi c'è l'uomo. Anche le sue radici arrivano profondamente nelle origini della sua storia – ma lui è l'unico essere che ha perso le sue radici. Perché oggi molte persone hanno perso la consapevolezza delle loro radici, e con ciò anche la consapevolezza della loro storia – e la conoscenza che possiamo avere dalle nostre radici. Perciò girovagano attraverso questo mondo, sempre alla ricerca di qualcosa di meglio del mondo di ieri. Non ci sarebbe niente da ridire – se le persone non fossero separate dalle radici del loro essere.

Hai bisogno delle tue radici. Mia nonna Aanakasaa non si stancava mai di dire: «Devi essere radicato bene, affinché tu possa camminare eretto e vigoroso nella vita – così com'è il tuo destino, ora e per sempre».

Per questo motivo facciamo la cerimonia delle radici. Quando, in autunno, vado a visitare i villaggi nel nord, esco fuori con le persone e faccio loro vedere delle piante. Gli racconto di queste piante. Poi ognuno riceve il compito di trovare una certa pianta e di estrarla con le radici. Gli dico, mentre cominciano a scavare, di rammentare i loro antenati – di ricordarli, di interiorizzarli, poi escono in silenzio e senza parlare. Alcuni non prendono sul serio questa cerimonia: scavano veloci e senza attenzione; rompono le radici perché vogliono finire in fretta. Per altri, invece, è una cosa seria. Per tutto il giorno si concentrano su questa pianta: a cercarla e scavarla con grande cautela – senza romperla o danneggiare le sue radici. Può capitare che le radici della pianta arrivino a una lunghezza di venti metri. A volte cresce sotto delle pietre, a volte nel gelo permanente. A volte hai bisogno di una vanga o di un'ascia per raggiungerla. Ma soprattutto ci vuole una grande cura per scavarla intatta e portala a casa sana e salva.

La cosa più importante, però, non è questo. Il fulcro di questa cerimonia è che tu trovi chi sei: che, mentre scavi, pensi a te stesso, a tua madre a tuo padre, ai tuoi nonni e ai loro antenati.

Le tue radici hanno tante ramificazioni quante il fiume della vita dal quale sei nato. In questo modo ti ricordano le tue origini – e del fatto che tu sei il fiore alla fine di questa matassa lunga e intrecciata della vita. Capisci? Celebro questa cerimonia con te affinché tu possa comprendere chi sei; affinché tu possa riconoscere come sei collegato alla tua famiglia – e come stai in questo mondo.

È una cerimonia vigorosa che ti dà il coraggio di incontrare te stesso. Questo è il mio lavoro come sciamano: dare a ogni persona la possibilità di incontrare se stessa. Ricordati: ci sono giorni che non riesci a sopportare tuo padre; ci sono giorni che non puoi vedere tua madre; ci sono giorni che non ti piacciono i tuoi nonni e i tuoi antenati – o non sai più niente di loro, neanche i loro nomi. Quando scavi la pianta, ti tornano in mente. Ritorni alle tue radici e comprendi l'influenza che i tuoi antenati hanno su di te. Sei il loro rampollo.

Li puoi condannare, ma con ciò condanni sempre anche te stesso. Li puoi biasimare perché hanno fatto delle guerre, ma perché? Puoi anche vedere in loro gli esseri umani che, proprio come te, ascoltavano la musica e trovavano piacere nelle cose belle. Rammenta questi loro aspetti, e ti daranno forza – così come la radice che hai scavato ti rinforzerà.

Una volta ho visto, alla sera di una cerimonia delle radici, un uomo che tornava al campo con una pianta lunga quarantadue metri. Aveva scavato più di dieci ore per liberare le sue radici. Quando la mise per terra davanti a me, capii: quest'uomo è cambiato. La mattina era ancora una sorta di "scemo del villaggio". Tutti si beffavano di lui, di suo padre e della sua famiglia. Perciò era sempre stato malinconico e depresso, triste e privo di gioia. Non aveva orgoglio ed era incapace di guardare negli occhi le altre persone perché aveva paura che avrebbero riso di lui. Ma quando, quella sera, tornò con una pianta lunga quarantadue metri, tutto era cambiato. Non era orgoglioso, ma umile. Quando mi diede la pianta, disse solo: «Grazie». Non a me, ma al Creatore. Tutti lo fissavano. Da quel giorno nessuno osò più dire una barzelletta su di lui o sulla sua famiglia. Perché aveva trovato la sua radice; aveva trovato la sua bellezza; aveva trovato il suo senso; aveva trovato se stesso. Scavando era diventato consapevole: appartengo a una grande, grande famiglia.

Tutti noi abbiamo delle radici che vanno lontano nella nostra storia. Ma non sempre ci piace quello che troviamo là. Specialmente in Europa, dove guerre terribili hanno devastato il paese, ci sono cose del passato che gli uomini non possono approvare. La cerimonia della radici ti insegna a portare alla luce anche quei rami – a pulirli e guardarli bene. Magari arrivi a comprendere che alcune parti delle tue radici sono marce e che impediscono la tua crescita. Cerca di comprenderle e stimarle. E poi, consapevolmente e con grande rispetto, le puoi tagliare.

Facendo questo, gli altri rami della radice si rinforzano. Così puoi dare la tua attenzione a parti del tuo passato che, altrimenti, potresti dimenticare. E tutti noi dimentichiamo tanto. Tutti noi tendiamo a mettere da parte le storie degli antenati. Tuttavia, a volte sono attuali. Ho saputo che in tutte le storie ci sono degli elementi che possiamo utilizzare per il presente o per il futuro. Perciò: non fissarti sempre sui lati negativi della tua storia, ma scopri quello che c'è di buono. E rinforzalo affinché tu possa nutrirtene in futuro.

Perché rammenta: quello che è successo nel passato, è successo. Bene o male, non importa. È successo. E un uomo che ha vissuto, ha vissuto. Bene o male, non importa. Sei connesso con lui. Accettalo, accetta la tua radice. Onorala e cresci!

L'educazione

La cosa più importante da considerare per l'educazione dei tuoi figli è il sorriso. Fa sì che il tuo bambino sorrida. Fai attenzione che rida – che sia felice ed equilibrato. Come ogni bambino anche il tuo piangerà e si arrabbierà. Ciò è completamente giusto. Ma fai attenzione che ritrovi la sua armonia. Lascialo giocare. Sii consapevole, fin dall'inizio.

Quando da noi si fa una festa, tutti i bambini sono presenti. Giocano, cantano e ballano, mentre i genitori parlano tra di loro e mangiano. Non li trattiamo come se fossero già adulti. Lasciamo i bambini essere bambini. A volte si avvicinano silenziosamente al tavolo per ascoltare. Hanno rispetto degli adulti. Sopratutto però amano stare insieme. Naturalmente ci sono delle urla e delle lacrime, ma anche risate e gioia. Non importa: con tutto ciò il loro spirito si solleva. E nell'educazione si tratta proprio di questo: lo spirito dei bambini deve essere sollevato. I bambini dovrebbero entusiasmarsi. Perché quando sono colmi di spirito, hanno la possibilità di incontrare la vita pieni di fiducia, di sentirsi protetti e amati. Supportare questo e incentivare l'entusiasmo dei bambini è il compito di tutti gli adulti nella casa. Se non adempiono a questo compito, allevano dei bambini che non sono equilibrati. Oggi possiamo vederne le conseguenze ovunque nel mondo.

Perciò: nell'educare il tuo bambino stai attento che sia equilibrato. Specialmente nei primi tre anni; in essi si mettono le fondamenta del futuro. Durante questo periodo devi aiutare i tuoi bambini a trovare il loro equilibrio. Non ti servono delle teorie pedagogiche. Abbiamo tante teorie e tanti libri sull'educazione giusta, ma perdiamo di vista quello che è semplice ed essenziale. In realtà non ci vuole molto: fai attenzione all'equilibrio! Fai attenzione che spirito e corpo del tuo bambino siano in equilibrio! Fai attenzione che siano rispettate le esigenze sia del mondo fisico sia del mondo spirituale! Trattalo con amore e rispetto! Così amore e rispetto si espanderanno nel cuore del tuo bambino. Così valorizzerà l'amore con il quale lo incontri. Così svilupperà una sana fiducia in sé.

Fa male vedere quanti giovani al giorno d'oggi non dimostrano più niente di tutto ciò – come crescono senza fiducia, amore, rispetto, onore, sincerità. Per evitare questo, noi eschimesi diamo tanto valore al rinforzare l'equilibrio nei bambini.

Se incontri il tuo bambino con amore e rispetto, si può sviluppare liberamente. Fidati di lui! Lascialo andare! Tuo figlio troverà da sé la strada giusta. Quando l'ha scelta, stagli vicino e aiutalo. Quando invece vedi che va nella direzione sbagliata, devi metterlo in guardia. Non c'è bisogno che vada nelle stesse strade senza uscita che hai già percorso tu. Non devi mandare tuo figlio consapevolmente nell'inferno, solo perché ci sei passato anche tu! Tuo figlio non deve necessariamente fare ogni esperienza che hai vissuto tu. Specialmente se era un'esperienza brutta. Fare ciò significa: non incontrare i bambini con amore e rispetto.

Abbi fiducia! Abbi fiducia in te stesso che il tuo amore e il tuo rispetto mostrino la via giusta al tuo bambino. Abbi fiducia che guiderai tuo figlio su una buona strada anche se gli dai la libertà. Il tuo amore e la tua fiducia gli saranno di sostegno – come il bastone che leghi a una piantina affinché possa crescere dritta e forte verso il cielo. Col tuo affetto diventa infrangibile, dall'infanzia fino alla vecchiaia. Se invece manca questo sostegno – se non ci sono il tuo amore e il tuo rispetto – tuo figlio diventerà storto e aggrovigliato. Il suo spirito sarà fatto a pezzi. Mi si spezza il cuore nel vedere che proprio questo sta accadendo nel vostro mondo moderno.

Quando ero bambino, tutti mi incontravano con amore e rispetto. Ma più tardi, come adolescente, non ero più amato e rispettato. Mi trovavo in una società nella quale i padroni bianchi disprezzavano noi indigeni. Né ci amavano, né ci rispettavano. Così cadevo in una confusione micidiale: a casa ero amato, rispettato e onorato – a scuola vivevo esattamente il contrario.

Parte di una buona educazione è anche capire quando è arrivata la sua fine. A quel punto si tratta di lasciare andare i bambini. Quando le aquile hanno un piccolo, lo accudiscono e lo nutrono nel miglior modo possibile. Ma quando sanno che è arrivato il momento, lo spingono fuori dal nido. Sanno che volerà. E lui volerà. Questo è un atto d'amore. Questo è un atto di conoscenza. Questo è un atto di saggezza.

La famiglia

Per l'equilibrio di un bambino la famiglia è indispensabile, dà delle fondamenta salde alla sua vita. Più grandi sono, meglio è. È bene che ci siano anche i nonni. È bene che ci siano zii e zie. È bene che ci siano cugini e cugine. Se tu, come tante persone nel mondo moderno, non li hai, dovresti – per il bene del tuo bambino – crearti una famiglia. Non saresti il primo / la prima. Molti padri e madri hanno dovuto scegliere questa strada, e molti altri seguiranno. Tantissimi uomini concepiscono dei figli sapendo che non li alleveranno mai. Nello stesso modo ci sono madri che si fanno mettere incinta anche se sanno che si separeranno dal padre. È triste, ma inevitabile.

In un caso così – o quando i genitori muoiono presto, non nascono altri fratelli o sorelle, mancano i nonni – è responsabilità del padre o della madre creare una famiglia per il bambino. Potrebbero per esempio radunare degli amici intorno a sé. Gli amici diventeranno i genitori spirituali.

Spesso i genitori spirituali sono più importanti per un bambino dei genitori naturali. Ciò non vuole dire che i genitori naturali non possano essere anche i suoi genitori spirituali. Ma quando mancano i genitori naturali, è importante che il bambino trovi dei genitori spirituali che si prendano la responsabilità per lui. O quando i genitori naturali – come accade anche troppo spesso nel mondo moderno – non sanno come educare i loro figli: in questo caso è una benedizione se ci sono dei genitori spirituali che si prendono cura del bambino e si fanno carico della sua educazione; è una benedizione se i genitori spirituali sanno come pulire i rami delle radici di un bambino affinché possa crescere fino alla sua fioritura – se vedono con occhio attento l'origine del bambino e onorano i suoi genitori e nonni. Questo è buono perché dona al bambino la sensazione di essere accettato, di fiducia nella vita. Le cose più importanti, però, sono amore e rispetto.

Non soltanto i genitori sono responsabili che un bambino cresca bene. Tutta la famiglia è coinvolta. Nella nostra tradizione è normale che l'educazione non sia una cosa privata dei genitori. Da voi, purtroppo, da molto tempo non è più così.

La responsabilità per i bambini

I miei genitori mi insegnavano il rispetto per la vecchiaia. Quando da bambino, mentre ero immerso nei miei giochi e nelle mie corse, incontravo una persona anziana, mi fermavo. Si usava così. Mi fermavo e li guardavo. Loro mi guardavano e dicevano: «*Ho Ho*». Poi potevo continuare a giocare. A un certo punto mi ero stufato; non avevo più voglia di fermarmi tutte le volte quando vedevo un vecchio. Un giorno mia nonna Aanakasaa vide che mi comportavo così male. Mi chiamò e mi disse: «Non farlo mai più!» Aveva ragione. Quest'uomo aveva vissuto molto più a lungo di me, e aveva tanto da darmi. A quel tempo pensavo: «Che cosa può darmi quello lì? Un uomo vecchio, niente di più!» Oggi so: mi può dare insegnamenti per la mia vita. E per questo motivo lo devo salutare.

Mi ricordo di una serata a Haifa: passeggiavo con mia moglie lungo il porto. Davanti a noi c'erano due vecchi, uno camminava col bastone e fumava la sua pipa. All'improvviso, dietro di noi, si aprirono le porte di un grande edificio, e un'ondata di scolari si riversò sulla strada. Correvano e si scatenavano, ma quando i primi bambini raggiunsero i due uomini, si fermarono. Guardarono i vecchi, i vecchi annuirono e dissero: «*Ho Ho*». E i bambini continuarono a correre. «Wow» dissi a mia moglie, «sono come noi eschimesi! Sanno che non va bene passare accanto alle persone anziane come se niente fosse». Più tardi venni a sapere che erano dei bambini arabi, e che, a quell'epoca, tanti anni fa, questa tradizione era ancora viva.

Ti racconto questo episodio perché ti fa capire: i bambini sono importanti; meritano la nostra attenzione. Tuttavia la loro educazione non riguarda soltanto i genitori, riguarda tutta la società. Non puoi sempre stare con i tuoi figli. Perciò è importante che tu ti possa fidare del fatto che ci sono altri che dicono loro alcune cose elementari quando fanno delle scappatelle – qualcuno che li chiama e gli dice: «Caro mio, questo, a tuo padre, non piacerà!» Ma nessuno lo fa più. Abbiamo l'idea che l'educazione sia una cosa privata dei genitori. Quando pensi così, scappi dalla tua responsabilità. E quando proibisci ad altre persone di rimproverarli, fai una stupidaggine. I bambini sono un dono, e tutti quelli che li incontrano hanno la responsabilità di sostenerli sulla strada della vita. Seguire alcune regole di base fa parte di ciò – così come i bambini ad Haifa, così come i bambini a casa mia in Groenlandia.

Non è tanto difficile: ci vuole la tua chiarezza nello spirito e nel cuore. I bambini ti ascolteranno. E ti rispetteranno. Nello stesso modo rispetteranno tutti gli altri adulti, e questo è molto bello.

Magari chiedi: «Come può accadere? Quei tempi non ci sono più! I bambini di oggi sono diversi!» Ti dico: «È possibile. Semplicemente facendolo».

Un bambino ha due genitori, ma ha bisogno di una società per essere educato. Se dimentichiamo questo, perderemo i nostri bambini. E quanti bambini abbiamo già perso! Ovunque. Quando vedi che dei genitori stanno perdendo i loro bambini: aiutali! Sii coraggioso! Sta nella tua responsabilità fare la cosa giusta. Tu sei responsabile per il benessere non solo dei tuoi, ma anche dei loro bambini! Se hai dei figli: permetti che altri li rimproverino e li educhino! Adempiono alla loro responsabilità; meritano il tuo rispetto.

Gli alberi

Nella mia patria non abbiamo alberi. Fa troppo freddo. Gli alberi non riescono a crescere verso l'alto. Quando estendono i getti giovani verso il cielo, basta una giornata tempestosa, e il getto muore. Ma ora, a causa del cambiamento del clima, tutto ciò si sta modificando, e gli alberi si alzano. Naturalmente abbiamo ancora tempeste gelide. Tuttavia gli alberi non si lasciano più sottomettere così facilmente. Dopo essere stati schiacciati al suolo, si drizzano di nuovo, ancora e ancora. È bello osservarli, perché così deve essere.

Gli alberi giovani sono flessibili, si adeguano. Come i bambini. Sappiamo che anche loro non si lasciano spezzare facilmente; anche loro sono mobili e flessibili – fisicamente e spiritualmente. Anche loro conoscono la loro direzione e crescono per diventare esseri belli, dritti e orgogliosi, se procediamo nella misura giusta – li proteggiamo dal vento e dal brutto tempo, però senza coprirli con ovatta. Alberi che sono continuamente esposti al vento, crescono storti. Altri sono contorti e intrecciati. La stessa cosa succede con lo spirito. Uno spirito non può evolversi nella sua bellezza e forza, se è sempre esposto alla tempesta.

Ci sono tuttavia degli alberi vigorosi, eretti, snelli – alberi che meritano la nostra ammirazione, perché hanno preso una direzione buona. Questi alberi potevano svilupparsi fin dall'inizio – o, perché sono germogliati in condizioni di protezione, o perché sono stati accuditi e curati. Prego che i tuoi figli diventino alberi come questi – e che, quando saranno adulti, possano camminare eretti e vigorosi e in bellezza sotto il Grande Cielo.

La gioventù

Nella mia infanzia le cerimonie erano parte della vita quotidiana. Un significato particolare era riservato alle cerimonie del diventare adulti. Si celebravano per le ragazze quando raggiungevano la maturità sessuale. Il segno era il primo mestruo. Quando arrivava, si celebrava una grande festa – una grande cerimonia. Era chiaro: da quel momento in poi, le nonne si sarebbero prese cura delle ragazze. Avrebbero sorvegliato che non fossero abusate o toccate prima del tempo. Sorvegliavano che la crescita spirituale andasse di pari passo con la crescita fisica. Perché solo se una donna giovane aveva la maturità fisica e spirituale, si poteva considerare il suo matrimonio. Capire quando quel momento era arrivato era compito delle nonne.

Mi ricordo quando una volta una delle mie cugine fu toccata da un uomo giovane prima del tempo. Mia madre, che era sua zia, non esitò neanche un attimo a chiedergli conto. Lo fece pubblicamente. E lo fece con tale severità e determinazione da non permettere nessuna contraddizione. Per il giovane non c'era possibilità di fuga. Le nonne e le madri lo circondavano. Non partecipavano all'impeto di collera di mia madre, ma lo accerchiavano e tacevano gelidamente. L'uomo era costretto ad ascoltare il discorso di mia madre, che lo volesse o no. E quel discorso era molto severo.

Perché nel nostro mondo non esisteva nessun dubbio sul fatto che la sicurezza della ragazza era la cosa più importante. E che nessun uomo aveva il permesso di prendere una ragazza prima che questa fosse stata matura: emozionalmente e fisicamente, spiritualmente e intellettualmente. Quella ragazza era matura dal punto di vista fisico – esternamente; ed era molto grave che il giovane non si fosse impegnato a guardare lo spirito della ragazza. Doveva confrontare questa sua mancanza. Sono sicuro che non dimenticò mai la predica di mia madre – e che non avrebbe mai più toccato una ragazza prima del tempo.

Per i ragazzi si celebravano le cerimonie quando, per la prima volta, da soli e autonomamente, catturavano un animale – fosse esso un pesce, un uccello o un quadrupede. Perché questa era la prova che il ragazzo poteva andare a caccia e poteva nutrire la sua famiglia. La prima caccia era una cerimonia in se stessa. Ho visto spesso cerimonie così. Per esempio con i miei fratelli più giovani. Mio padre faceva cerimonie bellissime per loro. Ma questo non bastava. Per essere considerato davvero come "giovane uomo", dovevamo superare una prova: dovevamo rimanere alcuni giorni in una regione deserta – soli e senza paura.

Mio padre ci teneva tantissimo a fare questa cerimonia. Aveva sei figli maschi e due figlie femmine – e i maschi gli stavano molto a cuore. Lavorando per il governo, viveva molto lontano dalla famiglia. Perciò doveva eseguire tutto da solo le cerimonie per i suoi figli. Come secondogenito ero presente quando mio fratello, all'età di quattordici anni, venne accompagnato da mio padre e da mia madre. Mio padre aveva deciso che il tempo era arrivato, perciò partimmo.

Con una barca ci inoltrammo profondamente in un fiordo. Là sarebbe rimasto per quattro giorni e quattro notti. Mio fratello era molto eccitato. Lo sapevo perché non aveva quasi dormito per tutta la notte precedente. Avevamo parlato molto di che cosa lo avrebbe aspettato. Quando arrivammo nel luogo della sua solitudine, nessuno disse una parola. Mia madre preparò ciò che gli serviva per cucinare; mio padre si occupò della piccola tenda e degli utensili per la caccia. Mio fratello lo aiutò. E io guardavo tutto. Questo era il mio ruolo: stare attento. Quando partimmo, mio padre disse con molta calma e determinazione a me e mia madre: «Non guardate indietro! Guardate in avanti!» E così andammo.

Con ciò mio padre osservava una vecchia tradizione. Crediamo che lo spirito dell'addio viene distrutto se ci volgiamo indietro dopo esserci salutati. Ma se abbiamo distrutto lo spirito dell'addio, diventa difficile ritornare. Allora non lo capii; oggi capisco. È veramente difficile ritornare se abbiamo spezzato lo spirito dell'addio. Se partiamo senza guardare indietro, al ritorno è come se non ci fossimo mai separati.

Un anno più tardi toccò a me. Quella volta ci accompagnò mio fratello più giovane. Di nuovo mia madre preparava le sue cose, di nuovo mio padre preparava le sue cose. Osservavo bene tutto quello che facevano. Poi salirono sulla barca e andarono via. Per me cominciò un tempo difficile. Fino a quel momento, tutti mi avevano sempre fatto capire che avevo qualcosa di speciale. Perciò pensavo che almeno mia madre si sarebbe girata verso di me. O magari mio fratello piccolo che mi amava tanto. Che mio padre sarebbe partito senza dire o fare niente era chiaro, ma dagli altri qualcosa dentro di me sperava in un saluto d'addio. Stavo su una grande roccia e guardavo la barca che si allontanava. Non so per quanto tempo rimasi lì ad aspettare che qualcuno si voltasse indietro. Non accadde niente. Dovevo passare questo momento, dovevo imparare a non spezzare lo spirito.

Rimasi da solo. Non feci niente di straordinario. Andavo a pescare, esploravo la zona. Cercavo dei bei luoghi per osservare l'alba e il tramonto. Non c'era niente da temere – tranne me stesso. Ma non avevo paura di me. Sapevo: quando incontro un orso polare e ho paura di lui, lo sente subito. Se sente la mia paura, mi attacca. Se invece sono senza paura nel cuore, mi lascia in pace. Perciò preparavo il mio letto e dormivo. Non avevo nessuno per parlare; perciò rimanevo in silenzio e sentivo. Sentivo quello che pensavo. Avvertivo quello che sentivo. Andavo a pesca, facevo delle passeggiate. Il tempo passava in fretta. Dopo quattro giorni, la barca tornò. Mio padre sorrideva. Abbracciò me e mio fratello. Mia madre mi baciò e raccolse i miei utensili. Mio padre mi chiese e guardò quello che avevo fatto. Disse: «*Ho Ho. Ho Ho*». Mio fratello piccolo era curioso: «Che cos'hai visto? Che cos'hai sentito?» E mi sentivo maturato. Sì, ora ero un giovane uomo.

Dopo il mio ritorno ci fu una festa. Facemmo una cerimonia così come era usanza da millenni. Mia madre preparò un banchetto, e vennero tutti i parenti. Dovetti raccontare le mie avventure a tutti. E tutti risero quando raccontai che, durante la mia prima pesca, l'alta marea mi aveva rubato tutti i bei pesci che avevo già pescato e deposto accanto a me. Alla fine mi chiesero se credevo di essere un uomo giovane adesso. «Sì» risposi, «ora lo so». Quella fu un'esperienza molto profonda: all'età di quattordici anni, là fuori, tutto solo in questo paese infinito. Questa esperienza mi ha reso forte.

Mi fa male che i nostri giovani non possano più fare delle esperienze così. Perciò dovremmo cercare delle vie per aiutare i nostri adolescenti. Invece continuiamo a mettere degli ostacoli sulla loro strada. Gli diciamo: «Devi fare questo e quello! Non posso risparmiarti questa esperienza!» Parliamo così, ben sapendo che queste esperienze non faranno bene ai giovani. Non sarebbe meglio prendere i nostri adolescenti per mano? Non sarebbe meglio mostrargli delle vie che possono prendere senza danneggiare il loro spirito? Abbiamo la responsabilità di guidare i nostri giovani, ma ce ne sottraiamo. Non gli diamo più la possibilità di fare esperienze che li fanno crescere. Né ai ragazzi né alle ragazze. Abbiamo perso il coraggio di mostrargli la via. E che risultato ne abbiamo ottenuto? Le nostre società cadono in pezzi.

Accendi la televisione. Cosa vedi? Mille cose carine che una ragazza potrebbe fare. Ma tutte hanno a che fare col corpo. Nessuno si preoccupa del suo sviluppo spirituale. Per i ragazzi non va meglio. Mille tentazioni, ma niente per lo spirito. Abbiamo perso l'equilibrio tra l'interiore e l'esteriore. Per la bellezza esteriore investiamo tempo e danaro. Per la bellezza interiore, invece, abbiamo perso il senso. Così defraudiamo i giovani dell'equilibrio di cui hanno bisogno. Nella loro vita non esiste armonia tra dentro e fuori. Così non potranno mai camminare nella vita con bellezza e forza.

Immaginati come sarebbe se imparassimo da questi indigeni del nord! Immaginati che celebreremmo di nuovo delle cerimonie per i nostri giovani. Saprebbero immediatamente cosa fare della loro vita. Quanti adolescenti dicono oggi: «Non ho più voglia di andare a scuola! Mi prendo una pausa!» E con questa mancanza di scopo sprecano il loro tempo. Attendono la vita, invece di viverla. Capisci? Le cerimonie hanno lo scopo di guidarci nella vita: di vivere la vita invece di attenderla. Hanno lo scopo di alzare il nostro spirito – affinché possiamo camminare nel modo giusto: eretti e vigorosi, pieni di forza e bellezza. Così com'è il nostro destino, ora e per sempre.

Ma noi, cosa facciamo? Stiamo lì e attendiamo la vita. Attendiamo che ci arrivi da fuori. Invece la vita è già arrivata. Dentro di noi. Nel nostro cuore.

Gli uomini

Voi dell'occidente credete che un uomo sia un vero uomo quando ha muscoli forti – quando è duro e non piange. Vi burlate dei "mammoni" e ammirate gli uomini che non mostrano emozioni e sentimenti. Dite: «Gli uomini non piangono». In questo modo avete allevato delle generazioni di guerrieri. Nei vecchi tempi si ammazzavano sui campi di battaglia; oggi si fanno la guerra nelle torri delle banche. L'immagine dell'"uomo forte" non ha fatto altro che creare del male.

Sono un uomo forte. Sono un cacciatore e ho molta forza muscolare. Ciò, tuttavia, non mi fa diventare un uomo. Sono un uomo perché ho delle emozioni, piango, sono intuitivo. La maggior parte di voi ha disimparato queste qualità. Così avete perso l'accesso a voi stessi. Per questo motivo così pochi uomini si rendono conto che qualcosa non va in loro. Per questo motivo così pochi uomini sono a casa dentro di sé. Per questo motivo vedo così pochi uomini tra di voi che camminano eretti e vigorosi, con orgoglio e bellezza nella vita – così com'è il loro destino, ora e per sempre.

Le donne

Nel mondo da dove vengo, sono le donne quelle che decidono. Perché le donne ci hanno messi al mondo. Una donna ti ha partorito. Una donna ti ha allevato. Le donne allevano tutta la società. Il futuro dell'umanità si deciderà col fatto se lasciamo, o no, decidere le donne. E se le donne sono pronte ad accettare la responsabilità che viene loro data. La mia preghiera è che tu sia pronta ad accettare questa responsabilità.

Le donne hanno a disposizione delle forze enormi. La loro forza non è la forza fisica dei loro muscoli. La loro forza deriva dalla loro vulnerabilità. Una donna sviluppa la sua forza più grande quando è più vulnerabile: durante il suo "tempo di Luna" è totalmente ricettiva – ricettiva per partorire una nuova vita. Questa energia è fortissima quando la donna sanguina. Tutto fluisce da lei, ma contemporaneamente lei è piena di forza creativa. Questa è la ragione per cui da noi il tempo di Luna della donna è considerato un periodo sacro. Non per sfruttare la sua vulnerabilità, ma per onorare il suo potenziale di partorire una nuova vita.

Gli uomini e le donne

Voi nel mondo occidentale avete un po' di confusione riguardo i sessi. Le donne vorrebbero essere degli uomini, gli uomini vorrebbero essere delle donne. Mentre è di grandissima importanza sapere cosa vuole dire essere uomo – cosa vuole dire essere donna. Se uomini e donne vogliono essere uguali, il risultato non è niente di forte e bello. Una cosa forte e bella nasce quando una donna è una donna, e un uomo è un uomo. Così si compensano come le due ali di un uccello.

L'ala della donna è vicina al cuore. Essa, che dona la vita ai bambini, si prende cura della famiglia. Essa sa cosa va bene per l'insieme del villaggio e della tribù. Questa è la sua forza. L'ala dell'uomo è lontana dal cuore. Tuttavia per la riuscita della famiglia è altrettanto importante. Lui sa come assicurare il sostentamento della famiglia. Lui sa cosa vuole dire camminare eretto e vigoroso su Madre Terra. Questa è la sua forza. Affinché la vita insieme sia vigorosa e bella – affinché l'uccello della vita sia integro e possa alzarsi in volo – c'è bisogno di tutte e due ali nella stessa misura. Certamente ci saranno tempi in cui l'ala dell'uomo è più forte. Come ci saranno tempi nei quali l'ala della donna è più forte. Ma quando è il momento di alzarsi e di scendere, di partire e di atterrare – le due ali devono essere in equilibrio.

Quando mia nonna Aanakasaa ci parlava, molte volte apriva le sue braccia come ali. Non diceva niente, ma noi tutti comprendevamo che voleva esprimere l'importanza di un buon equilibrio nella vita. Oggi so che proprio questo era il suo intento centrale: voleva esortarci a vivere una vita in equilibrio – una vita nella quale non cancelliamo le nostre differenze, ma le integriamo per avere una vita vigorosa: uomo e donna, le due ali di un uccello bello e vigoroso.

Dobbiamo riacquistare questa conoscenza. Dobbiamo ritornare a far sì che uomini e donne si rispettano e stimano a vicenda nella loro diversità; che riconoscano e comprendano le loro competenze diverse; che né le donne né gli uomini possano vivere da soli; che solo insieme possano crescere nella loro rispettiva fioritura; perché hanno bisogno di equilibrio.

La sessualità

I grandi capovolgimenti sociali del Ventesimo secolo hanno coinvolto anche gli uomini del nord. Abbiamo perso l'equilibrio, anche l'equilibrio tra uomo e donna. Se siamo onesti dobbiamo ammettere che il rapporto tra i sessi è stato completamente stravolto.

Un indice ne è la pornografia. Non so di quanti milioni di euro sia il giro d'affari. So però che esiste soltanto perché ci sono abbastanza clienti. Perché è così? Perché non vediamo più la bellezza della sessualità. Abbiamo disimparato a vedere il fascino del maschile e il fascino del femminile. Invece siamo ossessionati da un'illusione di gioventù. Ovunque nel mondo trovi uomini che desiderano donne giovani. Ovunque nel mondo si fa credere alle donne giovani che solo la loro bellezza giovanile ha importanza. Così le abusiamo, perché le defraudiamo della loro bellezza interiore. Le abusiamo, perché così ostacoliamo che esse possano sviluppare la loro bellezza interiore.

Dovremmo proteggere le ragazze – e anche i ragazzi – affinché possano maturare emozionalmente e spiritualmente. Dovremmo lasciargli il tempo per maturare. Spesso, fisicamente sono maturi molto presto, ma per niente spiritualmente. Mai più vorrei dover leggere nei giornali che un musulmano, che segue gli insegnamenti del grande Maometto, prende come moglie una ragazza di dodici anni. Mai più. Maometto non voleva che gli uomini usassero le ragazze per i loro scopi. Voleva che uomini e donne gioissero gli uni con le altre.

Alcuni ragazzi non raggiungono la maturità neanche a vent'anni, alcune ragazze sono fisicamente mature a dodici anni, ma arrivano alla maturità emozionale soltanto a diciotto anni. Durante questo tempo hanno bisogno di essere protetti e accompagnati. Noi invece non li accompagniamo più. Non proteggiamo e non rispettiamo più la bellezza dei giovani. Li abbandoniamo alla sessualità, e loro si sentono abusati – l'uno dall'altro e dai più vecchi. È triste, ma vero: non trattiamo più la sessualità con responsabilità – né la nostra né quella dei nostri figli.

Una buona sessualità tra persone adulte e mature è meravigliosa. Una volta mio padre affermò di aver fatto sesso con mia madre, all'inizio del loro matrimonio, sette volte al giorno. Mia madre lo corresse a cinque volte al giorno. Comunque…! Erano così; e così siamo tutti, pieni di passione e voglia di sesso. Che diminuisca col tempo, è naturale. Tuttavia, in compenso, il sesso diventa più profondo, se i partner rimangono insieme. Raggiungono, sempre di più, una sessualità matura.

La sessualità è una cerimonia. Solleva il tuo spirito e fa fiorire il tuo corpo. Non c'è niente di male nella sessualità. Al contrario: è vita pura, piena. E si vede dal fatto che l'uomo e la donna godono l'uno dell'altra – che non si usano. Finché una parte si sente usata dall'altra non ci può essere gioia tra uomo e donna. E proprio questo accade nella maggior parte delle coppie. Le persone non sanno più celebrare la sessualità: come una festa, come una cerimonia. Fanno sesso, e tutto finisce lì.

Questa è una tragedia, perché la sessualità è l'energia più grande della vita. La sessualità è l'energia che crea nuova vita. Possiedi questa energia, ma sai anche come usarla in una maniera buona? Possiedi la maturità spirituale per celebrare la tua sessualità come una cerimonia? Se avessi la maturità spirituale, non guarderesti nel sesso soltanto la bellezza fisica. Attraverso l'esteriorità vedresti la bellezza interiore. Cercheresti una bellezza spirituale che solleva lo spirito – e non solo il corpo. Godresti della gioia – della gioia che tu e la tua amata vi date a vicenda.

Il sesso ha una dimensione spirituale – consiste nell'avere la consapevolezza per ciò che la sessualità è veramente: il concepimento di una nuova vita. Questa è una cosa grande e sacra – una cerimonia.

Dobbiamo ritrovare questa consapevolezza. In tutte le religioni e culture dovremmo essere attenti affinché i nostri giovani non pratichino sesso prima di aver raggiunto veramente la maturità emozionale e spirituale. Prego che sviluppi dentro di te questa maturità affinché tu senta la sacralità della sessualità e che tu sappia celebrarla come una cerimonia.

Sposarsi

Da solo vieni al mondo, da solo morirai. Ma nell'intervallo della tua vita non sei solo. Il cammino della vita lo facciamo come coppia, come uomo e donna. Uomo e donna sono le ali della vita. La donna è vicina al cuore; l'uomo è lontano dal cuore. Insieme uomo e donna creano la nuova vita, insieme fondano una famiglia, insieme si alzano in volo. Con i loro figli si alzano a una dimensione nuova della vita – un processo che non finisce mai. Una cerimonia in se stessa. Comincia con una festa che chiamiamo nozze.

Nella mia patria abbiamo delle cerimonie nuziali meravigliose. Hanno lo scopo che un giovane venga accettato come marito o come moglie e che possa fare il passo nella propria vita nel miglior modo.

Alle sue nozze, mia nonna Aanakasaa venne fatta sedere in un kayak. Venne fatta sedere contro la schiena del suo sposo, e tutti e due vennero legati con una corda. Poi vennero mandati in viaggio.

Era una cerimonia di cui mia nonna raccontò fino al giorno della sua morte. Di come era bello sentire i movimenti su e giù dell'acqua sotto il kayak. Com'era eccitante quando le donne legavano le corde intorno ai suoi piedi e le sue anche. Come si sentiva toccata, quando suo marito le metteva il cappello e i guanti e disse: «Sono pronto». Non poteva vederla, e lei rimase muta per molto tempo. Poi le chiese di nuovo: «Amore mio, sei pronta?» E allora lei rispose: «Sì, sono pronta!» Non avrebbe preso in mano i remi senza aver sentito questa risposta. Ma così poteva salpare. Nonno e nonna rimasero in viaggio per dieci giorni. Ogni sera scendevano a terra. Passavano tutte le notti da soli insieme, fuori nella vasta campagna. Tutte le mattine la legava a sé e chiedeva: «Amore mio, sei pronta?» E tutte le mattine lei rispondeva: «Sì, sono pronta».

Che cerimonia! Che perdita! Oggi non chiediamo più: «Amata, sono pronto. Sei pronta anche tu?» Non lo chiediamo più nell'intimità della nostra vita insieme. E non lo chiediamo neanche pubblicamente davanti ai partecipanti alle nozze. Nella liturgia nuziale cristiana ce n'è ancora una vaga memoria, quando gli sposi pronunciano il sì. Il significato profondo, però, è stato dimenticato. Dobbiamo reimparare queste cose semplici – e anche la responsabilità di accettarci l'uno con l'altra. Milioni di persone dicono "sì" all'altare, perché la famiglia lo pretende così, perché si fa così. Ma sono veramente pronte? No. Milioni di persone si sposano benché non si amino. Perché? Perché non sanno cos'è l'amore. Perché non si onorano.

I vecchi sapevano cos'è l'amore. Le loro cerimonie aprivano i cuori affinché l'amore potesse espandersi dentro di loro. Una volta ero invitato a un matrimonio in New Messico. Era un matrimonio greco, e la festa era bellissima. La sposa e lo sposo si erano davvero accettati. Come segno i genitori della sposa rompevano un bicchiere, il che voleva dire: sì, tutti e due sono pronti. Poi lo confermavano. Dopo si faceva una festa meravigliosa, e tutti ballavano.

Ma noi, cosa facciamo? Le nostre nozze sono diventate degli show, dove le fotografie sono più importanti dell'evento stesso. Non va bene. Dobbiamo ritrovare la strada: la strada verso l'essenza, verso la base. Dobbiamo tornare a comprendere la nostra responsabilità: la nostra responsabilità che consiste nel goderci l'uno con l'altra. Se fossimo più consapevoli di questa responsabilità, avremmo meno divorzi. I partner non si lascerebbero solo perché la vita insieme è difficile.

Il matrimonio dei miei genitori durò quarantasette anni. Dopo che mio padre morì, mia madre disse: «Tuo padre mi ha portato all'inferno e mi ha fatto ritornare». Allora mi spaventai. Oggi capisco. Sono sposato da ventisei anni con mia moglie. L'ho portata all'inferno e l'ho fatta ritornare. Tutti siamo così. Non perché siamo cattivi, ma perché la vita è così.

L'intento della vita in coppia è di crescere insieme sempre più stretti senza perdere la propria identità. Così stretti che niente possa passare tra uomo e donna. Perciò i vecchi dicono che una buona coppia può decidere dove va l'acqua. Niente riesce a passare attraverso di loro. Perché ciascuno vive la sua identità, e tuttavia ambedue formano un'unità impenetrabile.

Pochissime coppie ci arrivano. Quasi tutti stanno insieme soltanto perché hanno dei figli. Sono infelici, ma non riescono a separarsi. Perciò è tanto importante assumersi la responsabilità l'uno per l'altra: la responsabilità che consiste nel fatto che due persone possano godersi a vicenda. La responsabilità che consiste nel fatto che due persone possano accettarsi a vicenda – anche se si va all'inferno e si ritorna.

In realtà è molto semplice avere una vita di coppia matura e soddisfacente: rispetto reciproco, approvazione reciproca, stima reciproca, amore reciproco. Noi diciamo: non importa se camminiamo su ghiaccio grosso o sottile. Tutto qui.

La maggior parte delle persone ha disimparato a muoversi sul ghiaccio sottile. Ne hanno paura. Non sanno che, sul ghiaccio sottile, non si può camminare uno a fianco dell'altro; che bisogna camminare uno dopo l'altro e schiena contro schiena, perché solo così uno può salvare l'altro, se il ghiaccio dovesse rompersi. Nella vita, ci sono sempre dei tempi di ghiaccio sottile. Ci sono sempre dei tempi nei quali dobbiamo camminare schiena contro schiena – e non a fianco. Ma chi se ne ricorda ancora?

Naturalmente la strada insieme attraverso la vita non è una passeggiata. Naturalmente ci sono delle tentazioni e delle seduzioni. Naturalmente ci sono gli istinti e i desideri. Nel vecchio mondo degli eschimesi esistevano degli accordi che rendevano la vita più facile. Quando un viaggiatore o un cacciatore rimaneva lontano da casa sua e da sua moglie per molte settimane, e chiedeva ospitalità in un villaggio distante, non era inusuale offrirgli di dormire con una donna nubile del villaggio – se ella era disposta. Mai una donna sarebbe stata costretta. Sarebbe stata invitata a godere con il forestiero: un atto molto semplice, bello e umano – una cerimonia che nasce dalla gioia comune.

Tutto ciò è caduto nell'oblio: questa gioia reciproca, con rispetto e responsabilità. Invece abbiamo la prostituzione e lo stupro. E matrimoni rovinati. Nell'America del nord, il tasso di divorzio è del cinquanta per cento; nell'Europa settentrionale è simile. Sempre più bambini crescono senza padre o senza madre. Perché abbiamo perso di vista la bellezza del matrimonio – la bellezza della gioia reciproca dell'uno con l'altra.

Il fratello del mio bisnonno ha avuto tre mogli. Quando morì la terza moglie, aveva novantotto anni. Ma ciò non gli impedì di chiedere nel villaggio se non c'era una donna disposta a sposarlo. Non aveva perso la gioia di una vita assieme a una donna. Credo che tutti noi abbiamo il diritto di avere gioia gli uni con gli altri. Tutti noi dovremmo avere questa gioia. Ma quasi nessuno lo fa. Quasi nessuno conosce la gioia della sessualità matura e soddisfatta.

Mi auguro che i miei nipoti matureranno e riscopriranno questa cerimonia meravigliosa dei sessi, e che troveranno la gioia reciproca – pieni di responsabilità e rispetto l'uno con l'altra. Poi dirò: «Wow! Adesso vorrei avere dei pronipoti. Avanti, datevi da fare!»

L'arpione

Quando sei seduto in un *qajaq* (kayak), hai poca forza, perché sei seduto eretto e con le gambe stese. Per questo motivo, durante la caccia, ci sono due uomini in una barca: uno che pagaia, e uno che lancia l'arpione. Se quest'ultimo è un lanciatore bravo e forte, colpirà un animale. La testa dell'arpione – il *tuukkaq* – si aggancia nella carne dell'animale; è impossibile estrarla. Il manico dell'arpione lo puoi estrarre, e galleggia attaccato a un palloncino di pelle di foca. Ma non si può più separare la testa dell'arpione dall'animale. Ciò significa: quando il tuo arpione colpisce un animale, ti collega con esso – per sempre. L'animale muore. Diventa tuo.

Tuukkaq è un simbolo importante e una *medicina* significativa. Quando qualcuno ti regala la testa di un arpione, vuole dire che ti prega di essere il suo amico o la sua amica. Rammenta: quando il tuo arpione colpisce il cuore di un animale, non potrai mai più togliere il *tuukkaq*. Quando qualcuno ti regala un *tuukkaq*, si tratta per lui di un'amicizia per tutta la vita: della connessione eterna di due esseri.

Hai mai fatto caso che, durante la cerimonia nuziale, si dice: «Finché morte non vi separi»? Un'amicizia espressa attraverso il *tuukkaq* va molto più in profondità. Quando qualcuno ti dona un *tuukkaq*, è come se ti fondessi con lui. Puoi dare il *tuukkaq* a un uomo o una donna, lo puoi dare una o più volte. Sempre ti collegherà molto profondamente.

Capisci la potenza della *medicina* del *tuukkaq*? Ti chiede di essere un amico o un partner fino alla fine della tua vita. Prima di accettarla devi ponderare bene. Prima di dire sì, devi essere sicuro che ne sei all'altezza. Il *tuukkaq* è il simbolo di una responsabilità enorme. Non soltanto per te, ma anche per colui dal quale l'hai ricevuto. Perché con lui sarai connesso – fino alla fine di tutti giorni. Se sbagli la persona alla quale offri il *tuukkaq*, diventerà difficile sia per lui sia per te.

L'amore

L'amore è qualcosa di meraviglioso. Ma la maggior parte di noi ha dimenticato che cos'è. Confondono l'amore con la sessualità. L'amore è anche sessualità, ma è molto di più. Comprende tutta la nostra vita: dalla sessualità fino alla spiritualità. Se non ci innamoriamo semplicemente, ma diventiamo amore, nell'amore diventiamo consapevoli che siamo collegati con tutto. Impariamo a sentirci reciprocamente, stiamo veramente insieme "sia nei tempi buoni sia in quelli brutti". La maggior parte di noi, però, è molto distante da ciò. Parliamo dell'amore, ma non lo viviamo. Invece spesso siamo affamati di sesso. Tuttavia il sesso non crea una connessione. Sul sesso non si riesce a costruire una vita insieme. Una vita insieme si può costruire solo sull'amore.

Questo è l'insegnamento dell'uccello. L'uccello ha due ali; può volare solo così. Ciò significa per un uomo e per una donna: solo se stendiamo le nostre ali insieme, possiamo volare. Solo se abbiamo lo stesso peso, ci possiamo sollevare. Lo "stesso peso" vuole dire di più che "parità". Da voi si parla molto della parità dei sessi, ma è solo un parlare, perché in realtà non avete la parità tra uomini e donne. L'amore creerebbe l'equilibrio. L'amore crea l'armonia, talvolta è più forte lui, e talvolta è più forte lei. Senza equilibrio non potete volare. Senza amore non potete raggiungere un livello più alto della vostra vita. Senza amore non potete essere quello per cui il Creatore vi ha destinato. Senza amore non camminerete eretti e vigorosi.

Le comunità

Alcuni anni fa sono stato in Sudafrica. Jane Goodall mi aveva invitato. Ci incontrammo a Pretoria, e andammo in una Hometown. Là, un milione di persone vive in capanne di cartone in uno spazio molto ristretto. Non molto lontano abitano i ricchi in case che sembrano fortezze. Davanti ai portali ci sono uomini armati di fucili. Sui muri è stato messo del filo spinato. Queste persone vivono in prigione, nella prigione della loro paura. Tutto questo è vita?

Poi sono andato a Berlino, la capitale della Germania nel centro dell'Europa. Là vivono persone molto civilizzate e colte. Ma la sera, quando vanno al letto, chiudono a chiave le loro porte. Anche loro sono prigionieri nelle loro stesse case. Perché non si fidano dei loro vicini. Tutto questo è comunità?

Nel mondo moderno c'è tanta solitudine. Guardati intorno: nella tua città ci sono migliaia di persone sole. Migliaia senza famiglia. Certo, da qualche parte hanno dei genitori naturali, ma non sono con loro. Magari sono morti, magari vivono in un'altra città. Quando passeggio nelle strade di una città vedo che le persone non si salutano. Non si accorgono degli altri; non si riconoscono.

Nei villaggi della mia patria era diverso. Tutte le generazioni vivevano nello stesso posto. Le porte erano aperte. I bambini crescevano sotto un tetto di amore teso dai genitori e nonni. Tutto ciò è quasi sparito oggi. Ma la nostalgia di una famiglia c'è, eccome!

Cosa possiamo fare? Possiamo cercare delle famiglie spirituali – comunità spirituali che ci accompagnano attraverso la vita. Al giorno d'oggi abbiamo più che mai bisogno di queste comunità. Perché le famiglie, anche dove esistono ancora, da molto tempo ormai non sono più luoghi di crescita spirituale.

Perciò mi sta molto a cuore creare dei "cerchi": delle comunità spirituali che aprono uno spazio dove le persone possano crescere – dove le persone possano sollevare il loro spirito. Questi spazi sono veramente necessari. Quando delle persone incontrano e comprendono se stesse, comincia la trasformazione. Dove delle persone riconoscono se stesse, dentro di loro cresce la forza per creare e cambiare la società. Infatti, solo dove le persone si riconoscono, può nascere qualcosa come la comunità: una comunità che è più di un gruppo di contribuenti che va a votare ogni quattro anni. Una comunità nella quale le persone si guardano negli occhi e si salutano per strada. Una comunità nella quale le persone si prendono la responsabilità gli uni per gli altri.

Ma noi abbiamo disimparato tutto questo, e perciò abbiamo bisogno di sostegno. Abbiamo bisogno del sostegno di un cerchio.

Le nonne

In Europa e nel mondo occidentale avete la parità dei sessi. Ma alle vostre donne pagate salari inferiori di quelli degli uomini, anche se hanno la stessa formazione. Se siamo onesti, la parità dei sessi da voi esiste soprattutto sulla carta.

Da noi in Groenlandia è diverso. Nel mio Paese abbiamo una società matriarcale. Le donne – più precisamente: le nonne – decidono. Quando vogliono consultarsi, si riuniscono nella capanna sudatoria e fanno un consiglio. Quando hanno trovato un risultato, chiamano gli uomini e dicono loro quello che hanno deciso. Poi gli uomini si consultano e fanno un consiglio. Si chiedono: che cosa vogliono le donne? Perché vogliono questo o quello? E soprattutto: come possiamo mettere in pratica la loro decisione? Le donne decidono, gli uomini fanno il lavoro. Così si fa la politica da noi. Altrimenti la nostra società si spaccherebbe.

Chiedi perché? Semplice: perché le nonne hanno l'esperienza più grande. Hanno vissuto più a lungo. Hanno messo al mondo i bambini. Hanno allevato i bambini. Conoscono le esigenze del villaggio. Gli uomini, per molto tempo dell'anno sono fuori, per la caccia. Non sanno cosa succede nel paese. Ma le nonne sanno tutto, perciò decidono loro.

Naturalmente non si può trasferire questo sistema nel vostro mondo. Ma una cosa c'è che potete imparare da noi: è importante ascoltare le voci dei vecchi – le voci dei vecchi e saggi, le voci delle nonne. Nel vostro mondo sono gli uomini a prendere tutte le decisioni centrali. Gli uomini dominano l'economia, gli uomini dominano la politica. Le donne invece, che allevano i bambini e organizzano la vita quotidianamente, non trovano ascolto da nessuna parte. La loro saggezza rimane inutilizzata. Non va bene. Se ascoltaste le vostre nonne sapreste esattamente quel che succede. Sono sicuro: se permetteste alle vostre madri e nonne di prendere le decisioni – la vita in Europa sarebbe completamente diversa.

Chiedi come ciò potrebbe essere possibile nelle vostre metropoli moderne? Nelle vostre metropoli nelle quali non si salutano nemmeno le persone che vivono porta a porta? Creando delle comunità – unendovi. Dici che è impossibile? Perché gli uomini hanno perso il senso per le comunità? Perché lavorano ventiquattro ore al giorno o stanno seduti davanti al televisore? Prova lo stesso. Saluta il tuo vicino, quando lo incontri. Comincia così... Vedrai che le persone desiderano ardentemente essere viste e salutate da te. Sono le cose semplici che fanno la differenza.

Una società ha bisogno di famiglie integre. Ha bisogno di luoghi dove la saggezza dei vecchi viene trasmessa ai giovani. Luoghi dove uomini e donne mature possono trasmettere la loro conoscenza. Luoghi dove regna un'atmosfera di rispetto e amore, senza la quale i bambini non possono crescere bene. Dove questi luoghi mancano, la società crolla. Proprio questo sto osservando nel mondo di lingua inglese. Quando gli inglesi avevano il dominio sul mondo, creavano un sistema scolastico dove gli uomini giovani erano mandati nei collegi. Questo era importante, perché solo lì – lontano dalla madre e dal padre – potevano educare i soldati e marinai che servivano loro. In realtà questo creò, invece, l'inizio della caduta della società inglese. Oggi vediamo il risultato: una società di persone che hanno perso l'orientamento; di persone che non sanno più cosa fare di se stesse; che non sono più in grado di avere delle relazioni, delle amicizie, vivere matrimoni; che non sono più in grado di allevare dei bambini. Vedo lo stesso fenomeno anche nell'America del nord. Dove guardo, vedo degli uomini che non hanno più nessuna idea di come educare i bambini.

In questo caso, voi uomini dell'occidente potete imparare da noi. La forza della società eschimese che vive da millenni in condizioni durissime, sta nel fatto che i nostri bambini crescono in un'atmosfera di amore illimitato – circondati da genitori e nonni, zie e zii, cugine e cugini. E sta nel fatto che i nostri bambini ricevono fin dall'inizio un senso di equilibrio tra giovani e vecchi, tra uomo e donna. Il crollo che sta accadendo in tante società occidentali è collegato al fatto che questo equilibrio è disturbato – perché non esistono più famiglie dove esso si può sperimentare e praticare.

La guerra

Nel mio Paese non c'è mai stata nessuna guerra. Per il mio popolo è strano sentire che dei popoli si combattono per conquistare del terreno. Per noi è chiaro che c'è solo una terra e che questa terra non appartiene a nessuno. Ognuno ha il diritto di usare questa unica terra, e ciascuno lo farà a modo suo. Ma non si può possedere. La terra appartiene a tutti. Perciò non possiamo comprendere perché si fanno guerre per possedere la terra. Non possiamo comprendere che cosa trovano gli uomini nel disegnare delle linee sulla mappa e dire: questo è un confine.

E neanche possiamo comprendere come dei padri e delle madri possano essere d'accordo che i loro figli vadano via per uccidere.

L'infinito

I confini non esistono. Gli animali non conoscono confini, le piante non conoscono confini, i venti non conoscono confini, le nuvole non conoscono confini, i fiumi non conoscono confini. Solo l'uomo crede nei confini. Solo lui dice: «Non puoi andare là». Mi chiedo: com'è possibile?

Il problema è: voi uomini dell'occidente imparate fin dall'infanzia a mettere dei confini. Madre Terra invece non ha confini. Il vento non conosce confini. Magari, il vento dell'autunno, porta la foglia secca che ha strappato dall'albero nel tuo giardino, per migliaia di chilometri attraverso l'aria. Magari la porta verso nord, dove, da qualche parte sopra la Groenlandia, gela e cade per terra. Ora giace in un lago groenlandese ed espande la sua energia. Tutto è connesso con tutto. Tutto è collegato con tutto. Voi siete quelli che hanno inventato i confini.

Noi uomini del nord non pensiamo in confini. Quando in Groenlandia sali su un monte e guardi lontano, puoi vedere a una distanza di quattrocentocinquanta chilometri. Perché l'aria è molto secca, e la terra è meno curvata. Ruotando su te stesso, puoi abbracciare con lo sguardo novecento chilometri del paese. Ciò è quasi la metà della Germania. Per chi vive di fronte a un tale orizzonte, i confini non hanno senso.

Fu una buona idea quando, nel 1957, alcuni Paesi europei fondarono la Comunità Europea. Avevano capito che non aveva più senso che ognuno lavorasse solo per sé e nessuno collaborasse con gli altri. Oggi l'Unione Europa comprende ventisei membri. Questo è un grande progresso. Questo è un esempio per il mondo intero.

Dobbiamo imparare che esiste soltanto un mondo – che i confini che abbiamo fissato sono un'illusione. Abbiamo bisogno di una consapevolezza globale del fatto che tutti noi siamo un tutt'uno e che formiamo un unico organismo; che derubiamo noi stessi quando rubiamo le materie prime e il terreno agli africani; che feriamo noi stessi quando forniamo loro delle armi e tagliamo le loro foreste. Abbiamo bisogno della chiara consapevolezza che tutti noi siamo una famiglia. Abbiamo bisogno di saggezza – della saggezza dei vecchi. Il mondo può imparare questo dagli eschimesi: abbiamo bisogno della saggezza degli Anziani, abbiamo bisogno della saggezza delle nonne.

La vecchiaia

Il modo come voi nell'occidente trattate i vostri vecchi è incredibile. Quando diventate vecchi, venite scaricati in una casa di riposo. I vostri figli promettono di venirvi a trovare nei giorni festivi, ma non vengono quasi mai. Non hanno tempo per voi, perché sono sempre indaffarati, devono lavorare. Nel mondo dal quale io provengo, è diverso. Là, le persone si prendono cura dei vecchi e si assicurano che non siano soli.

Là, ci si prende cura che abbiano delle persone che li ascoltano. Perché hanno molto da raccontare. E quando possono raccontare le loro storie, stanno bene.

Mi fa venire le lacrime agli occhi quando vedo i vostri vecchi. Ho visto molti vecchi da voi che avrebbero da dire tantissimo, ma non c'è nessuno ad ascoltarli. Non hanno dei nipoti – e se ci sono, non hanno orecchie per ascoltare i vecchi. Ma ho visto anche dei vecchi che non hanno niente da dire. Questo è ancora più deprimente. Mio padre amava dire: «Tutti noi diventiamo vecchi, ma solo pochissimi diventano degli Anziani». Con ciò voleva dire che la vecchiaia da sola non è una garanzia di saggezza. Per diventare un Anziano, bisogna essere riconosciuto come tale per le esperienze che hai vissuto – e per la conoscenza che hai di te stesso.

La mia preghiera è che tu possa diventare un uomo vecchio o una donna vecchia che ha da dire qualcosa – e che tu possa trovare orecchie che siano aperte alla tua saggezza.

Il punto più alto della vita

Sai cosa ci raccontava mio padre sulla nostra nascita? Diceva: «L'infanzia dovrebbe essere dolce, gioiosa, piena di fiducia e amorevole. Come la pelle soffice dell'avambraccio» che accarezzava. «Ma pensa» continuava, «solo pochi hanno la fortuna di vivere una tale infanzia. Prima che possano comprenderlo, la via si allarga». Mentre lo diceva, passava la sua mano sul dorso dell'altra. «E presto hanno davanti a sé molti sentieri che li mettono di fronte a una scelta difficile». Indicava le sue dita che simboleggiavano questi sentieri. E continuava: «Ma nessuno ha mai insegnato loro come comportarsi, come prendere una decisione buona. Perciò commettono molti errori. Sempre, di nuovo. Sempre gli stessi errori. Finché non si fermano e salgono sul punto più alto – il punto nel quale ti senti veramente sicuro di te stesso; nel quale sai a cosa appartieni; nel quale stai dentro tutta la tua energia». Faceva un pugno e indicava le ossa delle articolazioni delle dita. «Quando sei lì, guarda! Guarda bene! Così vedrai che, nella vita, ci sono ancora infinitamente tante decisioni da prendere – che puoi ancora prendere infinitamente tante vie».

E mio padre diceva: «Quando poi hai deciso e cominci il tuo cammino, non voltarti indietro». Non voltarti indietro verso i tuoi amici e la tua famiglia per dire: «Guardatemi, sono sulla strada giusta!» Se fai così, inciamperai e ricomincerai dall'inizio e ripeterai la solita storia. Come tutti gli altri. Inciamperai sempre, di nuovo. Sbaglierai strada, sempre, di nuovo. Quando sarai arrivato sulla tua via, camminerai eretto e diritto su di essa – fino alla fine. E arriverai a casa: da te stesso.

Mai sai qual è il problema? Quasi nessuno si vuole bene. Moltissimi non sanno neanche chi sono e che cosa possono fare. E non sono orgogliosi di quello che hanno fatto. Trovano la vita senza valore, e noiosa. Trovano tanto da criticare dentro se stessi; vogliono essere qualcun altro. Emulano altri modelli. Perciò non riescono a dire: «Sono abbastanza importante, e per ciò vale la pena che torni a casa». E così non tornano a casa. Ma tu sei abbastanza importante, e per ciò vale la pena che ritorni a casa. Ogni essere umano è abbastanza importante, e per ciò vale la pena che ritorni a casa.

Se sai chi sei, sai da dove vieni. Sai dove sei, e sai dove stai andando. È questo che conta nella vita. Ci saranno sempre aspetti di te di cui non sei consapevole. L'imparare non finisce mai. Tuttavia più ti conosci più sarà facile. E più volte arrivi al punto più alto della tua vita, più chiaramente riuscirai a vedere e più grande sarà il tuo coraggio nel tuo cammino verso casa. Aprirai una nuova dimensione della vita, e un'altra ancora, e un'altra... Non finirà mai. Perché le dimensioni della vita sono infinite – più grandi e più vaste del Grande Cielo.

L'avventura di scoprire te stesso non terminerà mai. Fino al giorno in cui lascerai il tuo corpo. Fino a quel giorno potrai decidere liberamente quale strada prendere, e se vuoi intraprendere la via di casa verso te stesso. Quando lascerai il tuo corpo, questo viaggio sarà finito. Sarà nuovamente come all'inizio quando eri nel grembo di tua madre. Allora esisteva soltanto il mondo di tua madre. Solo quando sei nato nel mondo, hai imparato a scegliere liberamente. Solo da quando hai imparato a camminare, hai scelto le tue strade. Quando lascerai il corpo e tornerai nel mondo del Creatore, non avrai più nessuna libertà di scelta. Tutto ciò che puoi fare è: prepararti bene mentre sei vivo, affinché tu possa fare, nell'altro mondo, un buon viaggio verso il tuo Creatore.

La cosa più bella che ti può capitare mentre sei in vita è comprendere chi sei. Sempre nuovamente e in dimensioni sempre nuove. Nella piena consapevolezza di te stesso. E in piena responsabilità per te stesso. La tua vita è un dono; tu hai la responsabilità che essa possa evolversi. Tu hai la responsabilità di renderle giustizia e di mostrarti degno di questo dono. È semplice, vigoroso e bello.

Tutte le cerimonie hanno questo senso semplice e bello: portarti a casa – attraverso tutte le dimensioni del tuo spirito.

Il tuo compito: mostrare la via agli altri

Più sei avanzato sulla via verso te stesso, più hai il dovere di accompagnare altri sulla loro strada. Tutti noi abbiamo bisogno di accompagnatori perché nessuno può fare la strada da solo. Perciò sei chiamato ad aiutare: per raccontare le tue esperienze ed errori, per condividere le tue cerimonie; per svelare alle persone intorno a te delle dimensioni nuove del loro spirito.

Questo è un compito bellissimo, e di grandissima importanza per tutti noi. Ti puoi immaginare un mondo dove tutti gli uomini hanno trovato la strada di casa? Dove hanno scoperto per sé tutte le nuove dimensioni della realtà? Sta a te realizzare questo mondo.

La Luna

Una volta, molto tempo fa, un uomo andò dalla Luna e la sgridò: «Cosa fai? Che cosa ci dai?» La Luna rispose: «Ti do la luce nella notte». Ma l'uomo non era ancora contento. Disse: «Va bene, ma non dai calore. La luce da sola non vale molto». La Luna si rattristò. Pensò per un po' e disse: «Faccio molto di più per voi: mantengo vitale l'acqua!» L'uomo chiese: «Davvero? Come fai?» La Luna gli spiegò che è lei che fa salire e scendere le maree – che fa venire e andare la bassa marea. «Così il mare rimane vivo» disse la Luna, «e solo perché è vivo, vi dà da mangiare». «È vero» ammise l'uomo, «d'avevo dimenticato». Ma la Luna proseguì: «Inoltre guido il ciclo del corpo delle vostre donne. Pensa: sono io che guido i tempi della vostra fertilità». L'uomo era molto impressionato; non ci aveva mai pensato. E cominciò ad avere rispetto per la Luna. Incoraggiata da ciò, la Luna osò alla fine svelare la sua opera più importante. «Ascolta» bisbigliò, «c'è ancora qualcosa: nell'ora più buia della tua vita verrò. Starò sopra di te e la mia luce brillerà su di te. Affinché la speranza non muoia nella tua vita». L'uomo capì che aveva fatto un torto alla Luna e cantò una canzone di gratitudine – perché la Luna verrà nell'ora più buia della sua vita per brillare su di lui.

Gli insegnamenti sono come il cerchio: il cerchio che non ha né inizio né fine – il cerchio al quale tutti noi apparteniamo.
Vieni, entra nel cerchio!

Tutto ciò di cui c'è bisogno è: «Ti amo»

Christoph Quarch in colloquio con Angaangaq

Angaangaq, che cosa significa per te essere uno sciamano?

Vengo da una famiglia che ha prodotto tanti guaritori tradizionali. Li chiamiamo *Angakkoq*. Questo è un titolo d'onore degli eschimesi per le loro guide spirituali – persone che sono state nominate come portatori di tamburo, alle quali si chiedeva consiglio, da cui si andava quando c'era bisogno di guarigione. Essere chiamato *Angakkoq* è l'onore più grande che ti può essere conferito in Groenlandia. Perciò per me ha un significato immenso essere stato scelto dalla mia famiglia a diventare un *Angakkoq*. Il processo per arrivarci è stato lungo e faticoso. Per questo mi riempie di una gioia infinita poter fare oggi cerimonie che nessuno della mia famiglia ha più fatto per quasi duecento anni. L'ultima volta fu nel 1821 che mio bis-bis-bisnonno accettò la responsabilità di essere uno sciamano. Diventò uno sciamano famoso per un'area immensa nel nord della Groenlandia. Tutti lo conoscevano e lo rispettavano. Che io, dopo quasi duecento anni, possa seguire le sue tracce, è importantissimo per me e la mia famiglia.

Hai detto che la strada per diventare sciamano è stata lunga. Che cosa ti è successo su questa strada?

Quando ero bambino, mia nonna Aanakasaa diceva tutte le volte che entravo dalla porta: «Ah, Angaangaq ce l'ha!» Allora cominciai a chiedermi se c'era qualcosa in me che gli altri bambini non avevano. Ma non lo sapevo. Solo quando diventai più grande capii che ero stato formato: che ero stato scelto da un grande numero di membri della famiglia per diventare qualcosa che io stesso non avevo scelto – perché ero considerato uno che "ce l'aveva". Solo che né mia nonna né mia madre, né le mie zie, e neanche i miei zii o mio padre, mai fecero un accenno a cosa vedevano in me. Così crebbi senza sapere quale strada mi era stata designata. Non fu sempre facile. Come adolescente a scuola ebbi una prima intuizione del mio dono come guaritore.

Come?

Le ragazze si lamentavano spesso dei loro problemi durante il mestruo, mal di testa e tensioni. Naturalmente erano delle ragazze normalissime che volevano attirare l'attenzione dei ragazzi. Perciò chiedevano ai ragazzi dei piccoli massaggi che loro facevano volentieri. Siccome non volevo essere diverso dagli altri e neanche volevo perdere l'occasione di poter toccare quelle ragazze bellissime, mi piaceva offrire loro i miei servizi. Come tutti gli altri. Ma quando le toccavo un «Ahhh» di goduria usciva dalle loro labbra. Ogni volta. Ti puoi immaginare come il mio ego si gonfiasse con questo «Ahhh». Mi sentivo un uomo forte in grado di influenzare ed eccitare le ragazze con le proprie mani.

La cosa triste, però, era che ogni volta che "trattavo" una ragazza, mi ammalavo. Avevo mal di testa ed emicrania, tutto in me diventava teso, e a volte il dolore era così forte che mi faceva piangere. In breve: avevo dolori mestruali, che un ragazzo non dovrebbe avere. Questo per tre anni. Mia madre e le mie zie lo sapevano. Anche mio zio e mio padre lo sapevano. Ma io non ne volevo parlare. Per me era imbarazzante avere i dolori di una ragazza. Quando non seppi proprio più cosa fare, andai da mia nonna: «Cosa mi succede? Perché mi ammalo tutte le volte che tocco qualcuno?» La sua risposta fu: «Figlio mio, devi cambiare la tua intenzione!» Non disse di più. Sorrise con il suo sorriso più bello.

Circa un mese più tardi c'erano gli esami. 1963. Era l'ultimo giorno di scuola. Tutti erano molto eccitati. Eravamo concentrati sui nostri compiti; dovevamo consegnarli entro le ore 14. Uno dopo l'altro, i miei compagni finivano e uscivano. Solo quella principessa eschimese bellissima e meravigliosa era ancora seduta dietro a me nella classe. E mi bisbigliava: «Angaangaq, Angaangaq, puoi aiutarmi?» Ma io avevo da fare. Inoltre dovevo urgentemente andare in bagno. Tuttavia stringevo le gambe, perché dovevo finire. Ma a un certo punto non ce la feci più. Mi alzai per andare in bagno. Per uscire dovevo passare accanto a lei e feci quello che avevo sempre fatto: la toccai, massaggiai la sua testa e la sua nuca, le sue spalle e la sua pelle nuda – non per darmi delle arie come uomo, ma per aiutare qualcuno che aveva bisogno del mio aiuto. Dopo andai in bagno, tornai, finii il mio compito e lo consegnai.

Qualche ora più tardi constatai: «Ehilà, non sono malato!» Non avevo mal di testa, né tensioni, né dolori mestruali. Allora capii cosa aveva detto mia nonna: «Cambia la tua intenzione!» Fino ad allora la mia intenzione, quando toccavo una ragazza, era di volermi caricare sessualmente. Ogni uomo sa quanto è eccitante toccare la pelle di una bella donna. Volevo quello. Quel giorno dell'esame però la mia intenzione era diversa. E così compresi per che cosa ero stato istruito senza saperlo.

... E quale dono avevi.

Sì, anche. Ma sai, allora avevo intorno ai quindici anni. Prima di capire veramente di quale dono si trattasse, sarebbe passato ancora un po' di tempo. Tuttavia da quel momento nella mia vita accaddero sempre più spesso cose che mi rendevano sempre più attento a me stesso – non alle persone con le quali lavoravo, ma a me. Capivo che dovevo lavorare su me stesso, e mia nonna mi aiutava – fino a quel giorno nell'anno 1969 quando morì. Allora mia madre prese in mano la mia formazione. Lei stessa aveva imparato da sua madre per quarantasette anni.

È l'usanza in Groenlandia che gli sciamani futuri vengano istruiti dalle donne?

Vengo da una società matriarcale dove le nonne decidono. In altre società sono gli uomini che istruiscono gli sciamani, nel mio mondo sono le donne.

Come procedeva la tua formazione? Come sei diventato uno sciamano?

Quando mia madre morì, fui nominato Anziano del nostro clan. Ma in quel tempo non era ancora prevedibile che un giorno si sarebbero riuniti per mandarmi sul Monte Sacro. Dall'inizio del Diciannovesimo secolo nessuno era più stato mandato là. L'ultimo sciamano della mia famiglia era stato il mio bis-bis-bisnonno. Quando la chiesa luterana prese il potere in Groenlandia, come prima cosa proibì tutte le cerimonie tradizionali degli eschimesi. Il mio antenato fu costretto a convertirsi al cristianesimo. Questo era intorno all'anno 1820. Da allora nessuno della mia famiglia aveva ricevuto l'iniziazione da sciamano. Tuttavia le conoscenze sono state trasmesse. Mia nonna Aanakasaa viveva come una sciamana, anche se non veniva chiamata così. Perciò fu una grande sorpresa per me, quando la mia famiglia, nel 2006, si riunì per dirmi che era arrivato il tempo che salissi sul Monte Sacro – cioè che ricevessi l'iniziazione da sciamano.

Che cos'è questa iniziazione?

Suona molto semplice. Ma è una prova molto difficile. Prima che partissi, mio fratello mi tolse tutte le mie *medicine* e disse: «Andrai senza i tuoi supporti spirituali». Risposi: «Okay». Proseguì: «Sarai da solo con Dio e parlerai di te. Non gli chiederai niente, gli parlerai soltanto. Parlerai di te. Spiegherai al tuo Creatore chi sei. Racconta a Dio chi è Angaangaq! Tutto qui». Mentre mio fratello parlava, sorrisi. Ma quando mi misi in cammino – senza la mia *medicina* – mi sentivo nudo e solo. Il compito sembrava facile: ventiquattro ore da solo su un monte. In realtà però era molto difficile.

Perché?

Più si avvicinava il giorno della mia partenza, più avevo paura. Cosa potevo dire di me al mio Creatore? Sapevo chi era Angaangaq? Avrei potuto raccontargli la mia biografia, ma non sarebbe durato più di un'ora. Che cosa dovevo dirgli nelle ventitré ore restanti? Quando, il 4 settembre 2006, finalmente partii, avevo veramente paura. La salita di sei chilometri diventò il percorso più difficile della mia vita. Il monte è alto appena 2000 metri. Quando arrivai lassù ero completamente solo – senza acqua, senza cibo, senza stuoia per dormire. Solo io e il mio tamburo.

Che cos'hai fatto?

Dapprima posai un cerchio di pietre. Mi misi in piedi dentro questo cerchio e cominciai a parlare. Ma dopo due ore non sapevo più cosa dire. Ero disperato. Avevo ancora ventidue ore per il mio Creatore. Stavo lì e piangevo. Poi cominciai però a capire. Capii che dentro di me portavo tanti segreti – segreti che, fino ad allora, avevo sempre tenuto nascosti a me e al mio Creatore. E seppi che era arrivato il momento di svelare questi segreti. Ma anche allora non ero ancora sincero. Non mentivo, ma neanche dicevo tutta la verità. C'erano ancora dei punti che evitavo. Facendo così però sentivo un dolore profondo – il dolore che nasce quando non sei onesto con te stesso. Questo dolore mi strozzava il respiro. Perciò cominciai da capo.

Allora accadde una cosa meravigliosa: mi sentii sempre più leggero e libero. Ciò mi incoraggiò ad andare ancora più avanti. Molti altri segreti volevano venire alla superficie. Tutto doveva essere detto. Era faticosissimo. Oggi direi che questo è stato il lavoro più pesante della mia vita: essere onesto – con me, col mio Creatore. Passate le ventiquattro ore, scesi. Quando fui sulla via di ritorno non sapevo ancora se avevo passato la prova. Mentre tornavo tra la mia famiglia, non sapevo ancora se avrei accettato la responsabilità dello sciamano. Solo quando mia sorella mi chiese: «Allora?», era chiaro per me che non sarei più tornato indietro. Aprii il regalo che mi avrebbe fatto diventare sciamano – e così accettai la responsabilità di essere uno sciamano.

Abbiamo parlato del tuo dono particolare, che "ce l'hai". Di che cosa si tratta: è la capacità di guarire, o che cosa caratterizza uno sciamano?

No, l'essenza di quello che caratterizza uno sciamano comprende molto di più che guarire. Il guarire è solo una piccola parte del lavoro sciamanico. La cosa più importante è fare le cerimonie. Mia nonna Aanakasaa diceva: «La vita è una cerimonia in se stessa». Vale a dire che la vita è essa stessa una cerimonia – degna di essere celebrata con una cerimonia. Se non celebriamo la meravigliosa caduta della neve con una cerimonia, perdiamo ciò che possiamo essere. Se abbiamo perso il senso per le cerimonie, nevica semplicemente. Ma se comprendiamo la vita come cerimonia, diciamo: «Mio Dio, com'è bello! Nevica! Con questa bellissima neve bianca, Madre Terra si veste di un nuovo abito. Adesso può riposare!» Vedi la differenza?

Ma sì!

Madre Terra si veste. La neve la tiene calda. Può riposare fino a quando la neve si sarà sciolta. Poi tornerà viva. Per tenere viva questa percezione della realtà faccio le cerimonie. Celebro la vita per tutto ciò che succede nel mio mondo. Paragonato al grande mondo, il mio mondo è piccolissimo. Tuttavia nel mio mondo, dove celebro la bellezza della neve, so di essere connesso con Madre Terra – sempre. Ieri sera abbiamo celebrato una cerimonia per la Luna. Raccontavo della relazione dell'uomo con la Luna. Solo che pochissime persone nel mondo occidentale sono consapevoli del rapporto che hanno con la Luna: «Ah, c'è di nuovo la Luna piena» dicono. Ma è un rapporto completamente diverso.

Cioè?

Nell'ora più buia della mia vita, quando sono depresso e pieno di dubbi su me stesso, quando sono senza lavoro e senza tetto e non ho più risorse, la Luna sorgerà. Brillerà su di me per ricordarmi che c'è ancora speranza: che sopravviverò alla mia ora più buia. Ma pochissime persone pensano così. Per loro la Luna è la luna. Niente di più. Hanno perso la connessione col mondo vivo che li circonda. Il mio compito è ricreare e rivitalizzare questa connessione.

Nell'occidente abbiamo spesso l'idea che lo sciamano abbia una relazione particolarmente stretta con Madre Natura o Madre Terra. È vero?

Sì, sono connesso con le energie della natura. Le sento col mio livello di energia. Devi sapere: la mia realtà ha molte, molte sfaccettature diverse. Come le tue. Hai tante sfaccettature dentro di te che non riesci neanche a contarle. Quando mi sveglio al mattino sento dentro di me e mi chiedo: «Uhm, dove sono oggi – quale aspetto domina? Qual è il suo livello di energia?» Poi respiro profondamente. Mi sveglio e riempio "la mia tazza" – voi direste "il mio serbatoio interiore". Quando è piena so: ora si può cominciare. Sono pronto a condividere la mia energia e il mio amore; a condividere il mio tocco, a dare il meglio di me. Guarderò le persone e le toccherò con tenerezza. E – uhm – le amerò. Questa è l'energia nella quale lavoro. Tuttavia il mio ruolo come sciamano non finisce qui.

Cos'altro c'è?

Conosco la *medicina* della Terra, e la uso. Conosco la *medicina* degli animali, e la uso.

Cosa significa?

Conosco il potere degli animali, delle piante e dei minerali. So quale influenza possono avere sugli uomini. E conosco anche l'energia degli animali. Lavoro con loro e la loro energia guaritrice. Ricordati: su questa terra ci sono delle entità, delle essenze: i minerali, le piante, gli animali e gli uomini. Compongono il mondo nel quale viviamo. Tutti sono collegati tra di loro, nessuno può vivere senza l'altro. So tutto ciò. So che la mia energia cambia quando tocco un albero. La mia forza cambia sotto l'influenza della sua energia. Quando lo tocco e lascio fluire la sua energia attraverso di me, io cambio. Il mio tocco cambia, quando tocco un albero. Perché sono con l'albero. E così è con tutti gli altri esseri. Se prima tocco l'acqua e poi tocco te, il mio tocco sarà diverso. Perché sono con l'acqua.

Questa percezione delle energie della natura: ce l'ha ogni uomo, o è un dono che è stato dato solo a pochi?

Ogni essere umano possiede questa sensibilità. Solo che quasi nessuno ha mai avuto l'occasione per svilupparla. Nel mondo occidentale è completamente sottosviluppata. Ma anche nel mio mondo sta scomparendo. Addirittura una cosa semplice come il portatore di tamburo è quasi sparita.

Perché?

Perché la chiesa ha bruciato i tamburi. Anche i nomi antichi degli eschimesi sono spariti – perché tutti dovevano prendere un nome cristiano. Questo è successo nel Novecento. E la cosa triste è che è accaduto per celebrare la morte di un uomo. Noi sappiamo che nasce qualcosa di nuovo quando muore una vita. Ma nel mondo cristiano morire significa: essere morto. Per noi significa: una nuova vita comincia. Perciò non piangiamo i nostri morti – celebriamo. Celebriamo la bellezza della vita della persona che ha vissuto. E celebriamo l'aver fatto dono della sua vita affinché ne potesse nascere una nuova. Con la chiesa cristiana è arrivato un atteggiamento completamente diverso. Perciò il senso per la connessione col mondo vivente si è perso.

E proprio questa è la sofferenza del mondo d'oggi. Il cambiamento climatico è soltanto la punta di un iceberg di problemi enormi che hanno tutti a che fare col fatto che la nostra civilizzazione ha causato la perdita di contatto con la natura vivente. Il mondo oggi ha bisogno della saggezza degli sciamani?

Il mondo non ha bisogno di niente, gli uomini però si trovano in grande necessità. A loro mancano le cose più semplici: le cerimonie. A loro manca essere in contatto l'uno con l'altro, guardarsi, percepirsi e rispettarsi. Durante una cerimonia per la Luna, in Svizzera, chiedevo ai presenti di formare un cerchio. Non sapevano come fare un cerchio. Stavano uno dietro all'altro – come se non volessero essere visti, come se non volessero essere parte di un mondo comune. Invece è così importante stare in un cerchio e vedere la bellezza degli altri uomini. Quelle persone non sapevano come farlo. Invece non c'è niente di più potente per la nostra società che degli esseri umani che stanno insieme e vedono la bellezza reciproca.

Ciò vuol dire: la cosa più importante che porti agli uomini del mondo occidentale è la conoscenza di come si celebrano le cerimonie?

Esatto. La vita è una cerimonia in se stessa – degna di essere celebrata con una cerimonia. Così ci ha insegnato mia nonna. Le cerimonie devono essere vissute. Dobbiamo dar loro dello spazio per svilupparsi. Quando faccio una cerimonia nel mondo occidentale, so che devo farla crescere. Se restringo la sua crescita, morirà, e la cerimonia viva diventerà un rituale rigido – così com'è accaduto ancora e ancora per secoli; e una volta cristallizzata in un rituale, la cerimonia avrà perso il suo spirito e il suo potere.

Mia nonna Aanakasaa continuava a dirci: «La cosa peggiore per me sarebbe se vi lasciassi un rituale. Vorrei che le cerimonie rimanessero vive. Tu hai la responsabilità di fare sì che niente muoia!» Mia nonna è nata nel 1893. È stata educata da sua nonna, che veniva da un mondo dove era ancora viva la coscienza che la vita è una cerimonia in se stessa – e che la vita è degna di essere celebrata con una cerimonia. Io sono in questa tradizione. Non sono stato io a scegliere il mio compito, tuttavia so che è mia responsabilità prendermi cura che il senso per le cerimonie non muoia, ma che si espanda e cresca. A questa responsabilità voglio e devo adempire.

Come lo fai?

Una volta, quando ritornai da un viaggio da una tribù in Ontario che voleva farmi l'onore di essere il loro Anziano, mostrai a mia madre il regalo che mi era stato dato. Come al solito era ancora chiuso. Lo diedi a mia madre e dissi: «Madre, guarda che bel regalo mi vogliono fare. Vogliono che sia il loro Anziano. Lo dovrei essere?» Mia madre prese il regalo, lo soppesò nelle mani, lo annusò, lo guardò e rispose: «È molto bello». Chiesi: «Mamma, cosa devo fare?» Me lo diede indietro e disse: «Figlio, il tuo compito è diventare adulto e renderti degno di essere l'Anziano di quella gente».

Ti dava un compito e così il regalo diventava una sfida.

Sì, e non mi disse cosa dovevo fare per rendermi degno. Io stesso dovevo trovarlo. Tornai al consiglio di quella tribù e dissi: «Sì, accetto l'onore di essere il vostro Anziano». Poi presi il regalo e lo scartai. Così diventai Anziano – nel 1991 – e le famiglie cominciarono a venire da me per chiedermi dei consigli, perché ero il loro Anziano. Poco a poco imparai cosa vuole dire essere Anziano. Diventavo adulto e crescevo dentro questo incarico. Ci sono voluti molti anni, ma ora sono un Anziano.

La stessa cosa succedeva col mio tamburo. Da sempre volevo diventare un portatore di tamburo. Perciò andai da mio padre e gli chiesi se era d'accordo. Questo era nell'anno 1975. Non voleva esprimersi e mi mandò dagli Anziani. Seguii il suo consiglio e mi misi in viaggio. Arrivato dagli Anziani, diedi loro un piccolo regalo e chiesi se potevo diventare portatore di tamburo. Stettero lì. Ognuno ponderava per conto suo. Dopo che era passato un po' di tempo e nessuno aveva sollevato obiezioni, il più vecchio di loro prese a parlare e disse: «Angaangaq, ti accettiamo come allievo. Puoi cominciare a imparare». Tutto qui. Mi aspettavo che mi dessero delle lezioni. Ma non succedeva niente. Nessuno mi dava delle lezioni. Era la mia responsabilità cercare un insegnante e rendermi degno del mio compito.

Come hai fatto?

Guardando con attenzione, sentendo, cercando il colloquio – soprattutto però concentrandomi attentamente su quello che serve per comprendere l'essenza del tamburo: la sensibilità per il cuore, per il vero centro del mio essere nella profondità della mia pancia. Tuttavia gli Anziani aspettarono undici anni prima di darmi il tamburo. La tribù degli Utippuaat fece passare vent'anni prima di farmi diventare il loro Anziano. E prima che diventassi sciamano passarono cinquantasette anni. Ci vuole tempo per arrivare alla propria vocazione e a se stesso.

Dovevi essere paziente. Era difficile per te?

Sarebbe stato facile costruirmi il mio tamburo. E ci puoi credere se ti dico che molte volte mi sono lamentato con mio padre: «Quei vecchi non sanno quel che fanno!» dicevo. Mio padre rispondeva solo: «Ssh. Stai calmo. Pazienza!» Andavo da mia madre e dicevo: «Ma so benissimo come usare il tamburo. So come costruire un tamburo». Lei rispondeva: «Ascolta tuo padre». Oggi so che aveva ragione. Perché oggi non possiedo solo un tamburo, ma anche il titolo "portatore di tamburo". Gli Anziani vennero per darmi questo titolo. E questo è tutta un'altra cosa. Oggi ho il titolo "Anziano" e il titolo "uomo di medicina".

Avevo sette anni quando, per la prima volta, ricevetti una *medicina*. Era l'ala di uno zigolo delle nevi – un piccolo uccello che chiamiamo "l'annunciatore dell'anno nuovo". Portai questa *medicina* attaccata alla mia cintura per molti anni – finché si fu consumata completamente. Non so quante *medicine* possiedo oggi. Le porto tutte – alcune nel mio cuore, altre mi accompagnano nei miei viaggi. Perché ora so come portare una *medicina*, e come usarla. Ci volle molto tempo per acquisire questa conoscenza e saperla applicare bene – di modo che io possa guarirti nel tuo intimo con questa *medicina* – nel tuo intimo che è più grande del Grande Cielo; di modo che io possa trovare qualcosa nel tuo intimo che ti faccia respirare profondamente – che ti faccia essere in equilibrio; di modo che tu possa camminare eretto e vigoroso – così com'è il tuo destino, ora e per sempre.

Quello che stai raccontando, per un orecchio occidentale suona come una saga di un altro mondo. Perché normalmente non abbiamo più questa pazienza; il ritmo della vita sembra completamente diverso, addirittura irrigidito. Parli molto spesso del fatto che i cuori degli uomini sono congelati – e che consideri il tuo compito sciogliere il ghiaccio nei loro cuori. Perché?

Da sempre sono stato in viaggio, già da quando ero un piccolo bebè. Più tardi, dovevo fare una lunga strada per andare a scuola. Per cinque anni. Nel 1966 andai al college. Tre anni dopo avevo passato tutti gli esami e cominciai a viaggiare per lavoro. Più viaggiavo e più vedevo che questo mondo è molto più grande del mondo dov'ero cresciuto. La mia patria era un piccolo villaggio. Una lunga strada ci separava dal grande mondo, un viaggio nel tempo. Capivo: il mondo da dove venivo era un mondo antico. Ma non dovevo più vivere là; sapevo orientarmi bene nel mondo moderno. Avevo la mia valigetta ventiquattr'ore, il mio completo, le mie scarpe eleganti. Viaggiavo attraverso il mondo occidentale e avevo l'aspetto di tutti gli altri. Tuttavia non ero come tutti gli altri. Tutte le volte che parlavo nelle conferenze internazionali, le persone mi applaudivano – me, quell'eschimese giovane e brillante. Applaudivano, ma non cambiavano.

Molti anni passarono così. Ogni volta che tornavo in Groenlandia – sei o sette volte all'anno – dovevo fare vedere su una mappa alla mia gente dov'ero stato. Mi chiedevano: «Quanto è lontano?» E io rispondevo: «Fin là ci ho messo cinque ore, fin lì sei». Ma continuavano a chiedere: «Quanto è lontano?» Non volevano sentire niente di ore. Le ore, in Groenlandia, non significano niente per le persone. Chiedevano: «Quanto è lunga un'ora?» Vengono da un altro mondo – dal mondo dove sono cresciuto. Perciò riuscivo a comprendere la loro domanda. E così imparai a raccontare dai miei viaggi in un altro modo. Ma la lezione più importante doveva ancora arrivare.

Quale lezione era?

Una volta, di ritorno da uno dei miei viaggi, raccontai agli Anziani che, dopo un discorso, il pubblico mi aveva fatto una lunga standing ovation. Anche mio padre era presente, e quando ebbi finito il mio racconto, mi chiese: «Figlio, ti hanno sentito?» Dissi: «Padre, mi hanno applaudito per un quarto d'ora!» Mi guardò e disse: «Sì, ma ti hanno sentito?» Allora cominciai a capire. Un giorno andai da mia madre e dissi: «Mamma, non faccio bene il mio lavoro. Le persone mi ascoltano e mi fanno gli applausi. Dopo vanno a casa, e non cambia niente. Quando ritorno, tutto è rimasto come prima». E così lei mi disse che dovevo sciogliere il ghiaccio nei cuori degli uomini. Disse: «Solo sciogliendo il ghiaccio nei cuori degli uomini l'uomo ha la possibilità di cambiare e di usare la sua conoscenza con saggezza». Mia madre è morta molti anni fa. In queste parole è concentrato ciò che mi ha insegnato: gli uomini devono imparare a sciogliere il ghiaccio nei loro cuori e a utilizzare la loro conoscenza immensa con saggezza.

Usare la conoscenza con saggezza – ciò significa: essere in contatto col proprio cuore?

Ci siamo allontanati tantissimo dai nostri sentimenti. Siamo sempre occupati. Ricordati: abbiamo diversi livelli di energia. Ma quasi sempre le nostre energie sono bloccate. Niente è nel flusso. Sai che il nostro sangue pulsa nelle nostre vene. Esattamente come la nostra energia. Ma noi blocchiamo il suo flusso e così ci ammaliamo – nel corpo e nell'anima. Questo succede ovunque nel mondo. Gli uomini non sono più in contatto con se stessi. Non sappiamo più com'è essere toccati. E ci sono molti modi di essere toccati. Puoi essere arrabbiato con te, o puoi amarti. Esistono tantissime possibilità di come farti toccare. Ma non sappiamo più come si fa. Non sappiamo né come farci toccare né come toccare gli altri. Siamo sempre così attivi che non ci connettiamo più con i sentimenti dentro di noi. E quando non lo possiamo più fare, perdiamo il nostro equilibrio. Quando gli uomini sono in disequilibrio, tutto il mondo va a rotoli. Perciò diceva mia madre: «Solo sciogliendo il ghiaccio nei cuori degli uomini l'uomo ha la possibilità di cambiare e di usare la sua conoscenza con saggezza». Una volta sciolto il ghiaccio gli uomini saranno consapevoli di se stessi. E si avvicineranno a se stessi.

Rammenta: la più grande distanza nella vita di un uomo è quella dalla sua mente al suo cuore. Crediamo che le stelle siano molto lontane da noi. La distanza tra cuore e mente è più grande. Questo lo devi capire – che siamo dissociati, che abbiamo dimenticato la nostra realtà; che ciò che la maggior parte di noi ritiene come reale, in realtà è un'illusione. Un'illusione può essere scossa facilmente. Ricordati: un piccolo uragano chiamato Katrina ha distrutto la vita di migliaia di persone, un tornado in Bangladesh ha ucciso centotrentacinquemila persone in pochi minuti. Quello che noi consideriamo reale, in realtà è fragilissimo. Non è fondato nella realtà dentro di te.

... Nella realtà con la quale siamo connessi quando riusciamo a collegare il nostro pensare col nostro cuore.

Esatto.

Ma, come dici tu: l'abisso è enorme.

Il più grande abisso nella vita dell'umanità! Mio padre diceva: «Solo quando diventi consapevole di questa distanza, puoi cominciare a imparare – a imparare a volteggiare come un'aquila. E solo allora comprenderai quanto sei grande – incommensurabilmente grande nel tuo interiore». Rammenta: crediamo che il cielo sia incommensurabile. Nessuno ti ha mai detto che tu stesso, nel tuo interiore, sei incommensurabile. I tuoi genitori non te l'hanno detto, i tuoi nonni non te l'hanno detto. A scuola non ti è stato insegnato, né all'università, né in chiesa. Nessuno te ne ha mai parlato. Perciò credi che le cose grandi siano da qualche parte fuori di te. Invece dovremmo imparare fin dall'infanzia: siamo grandi dentro.

Ogni uomo porta talmente tanti strati dentro di sé che non lo potrai mai conoscere totalmente; e non potrai mai conoscere te stesso completamente. È veramente folle: a un certo punto qualcuno della mia famiglia ha visto che c'è qualcosa nel credo dei cristiani.

Mia nonna sorrideva. Oggi che sono un uomo vecchio, so che mia nonna sorrideva tutte le volte che aveva una risposta. Perciò faceva il suo sorriso più bello e diceva: «Non è bello? Dici di amare Dio, ma sarebbe meglio amare prima te stesso». Pensavo: «Ah, vorrebbe che amassi me stesso, prima di amare Dio». E lei spiegava: «Come puoi amare Dio se non ami te stesso?»

Amare se stesso vuol dire accettare questa incommensurabilità dentro di noi?

Assolutamente! [Batte le mani]

E per andare avanti un altro passo ancora: senza riconoscere l'incommensurabilità dentro di noi non ci potrà essere nessun cambiamento nel mondo?

Esatto!

Cosa fai per aiutare gli uomini a riconoscere dentro di sé l'incommensurabilità affinché possa accadere il cambiamento necessario nel mondo?

Cerimonie. La vita è una cerimonia in se stessa – degna di essere celebrata con una cerimonia. Qualche tempo fa sono stato intervistato da una radio a New York. L'intervistatore mi chiese: «Zio – perché sciamanesimo?» Pensai per un attimo e dissi: «Perché avete dimenticato la cerimonia della vita. Quando arrivi a Manhattan incontri delle persone che non hanno tempo per niente. Fanno quello che hanno sempre fatto; e quel che fanno sempre richiede tanto tempo che non hanno più tempo per nient'altro. La stessa cosa succede dappertutto nel mondo: siamo talmente occupati che non pensiamo nemmeno che la vita vuole essere celebrata». Guarda fuori della finestra! Vedi la neve che cade? Non è stupenda? Che sensazione meravigliosa – sdraiarti, lasciar cadere la neve su di te, lasciarti coprire da essa: allora senti il mondo! – Ma nessuno lo fa. La vita è degna di essere celebrata. Questo è ciò che faccio.

Suona abbastanza semplice. Sembra che sia possibile per ciascuno risvegliare il senso per le cerimonie. Si potrebbe dire che lo sciamanesimo – la cui essenza è essere cerimonia – sia la spiritualità globale per la nostra Terra?

Ma certamente. Il mondo è in grande miseria. Ha bisogno dello sciamanesimo. Ricordati: con nessuna delle grandi religioni abbiamo fatto particolarmente bene. Pensa soltanto ad Abramo e ai suoi begli insegnamenti: non li abbiamo capiti. Poi venne Mosè con i suoi insegnamenti incredibili. Seguì Zarathustra con degli insegnamenti meravigliosi e potenti, poi Krishna, Buddha, Cristo, Maometto, poi Baha'u'llha – ma non abbiamo fatto niente. Al contrario: nel mondo di oggi ci sono tante guerre. Hanno origine nelle religioni. Abbiamo dimenticato i begli insegnamenti. Quando sono in viaggio nel mondo occidentale chiedo a volte alle persone: «Ti ricordi i begli insegnamenti di Cristo?» Mi guardano e chiedono: «Che cosa intendi?»

Che cosa intendi?

Se tu avessi compreso i begli insegnamenti di Cristo, non ti sarebbe mai venuto in mente di dividerli in tanti credo. Lo stesso vale per gli insegnamenti di Abramo, Mosè, Zarathustra, Krishna, Buddha, Maometto, Baha'u'llha. Nessuno, assolutamente nessuno, mai lo farebbe. Cristo deve rivoltarsi nella tomba pensando che esistono millecinquecento chiese diverse. Per l'amor del cielo, che cosa abbiamo fatto? Qualcuno si ricorda ancora della bellezza di Cristo? Non sembra proprio. Nessuno conosce più la bellezza semplice dei suoi insegnamenti. Abbiamo reso tutto talmente complicato! Lo sciamanesimo invece è diverso! Sì, lì tutto è molto semplice!

Pensi che i cristiani, venendo in contatto con lo sciamanesimo, potranno riscoprire la bellezza degli insegnamenti di Gesù?

Certamente! Attraverso le cerimonie saranno di nuovo capaci di riconoscere la bellezza dei grandi Maestri – senza dividerli. Rammenta: non sono venuti tutti nello stesso periodo. Sono venuti uno dopo l'altro. Così come noi, nella nostra evoluzione, abbiamo attraversato diversi gradi, i grandi Maestri ci hanno insegnato su livelli differenti. È un progredire – nello stesso modo in cui procedi nella tua vita: dal grembo di tua madre uscivi nelle braccia di tua madre, poi andavi a gattoni, dopo ti alzavi in piedi e cominciavi a camminare. Oggi corri. Il tuo prossimo passo sarà di – uhm – volteggiare – a una nuova altezza di realtà dentro di te.

E lo sciamanesimo ci dà l'ispirazione necessaria?

Nessuna delle altre cose ha funzionato finora. Ci ho pensato molto. Ultimamente sono sempre in viaggio: dalla vetta del mondo fino all'altra parte dell'emisfero occidentale. Non so quante volte sono stato in Europa. In quel triangolo ho pensato molto spesso: «Wow, qui c'è tanta bellezza!» Ma nessuno la vede. Sembra che qualcuno abbia bendato gli occhi degli uomini affinché non possano più vedere niente. Sembra che qualcuno abbia fermato l'evoluzione spirituale degli esseri umani. Tutto è come ghiacciato. Ora capisco cosa intendeva mia madre. Lo capii solo quando morì. Allora ricevette circa centocinquanta lettere da tutto il mondo – una donna che viveva in un villaggio con tre case e venti abitanti. Centocinquanta lettere da tutto il mondo. Aveva fatto sciogliere il ghiaccio nei cuori. Aveva cambiato la vita. Ho conosciuto alcune delle persone che avevano scritto quelle lettere. Ero presente quando mia madre toccava letteralmente le loro facce – e i loro cuori, e quando dava loro un piccolo bacio. Di più non faceva.

E tuttavia causava un cambiamento vero.

Sì, e non faceva fumo, non faceva delle cerimonie come faccio io. Toccava le persone – e le trasformava nella loro interiorità più profonda. Mi ricordo bene quando mia madre, che era una donna piccola, una volta parlò con un uomo alto almeno due metri. Mia madre stava davanti a quell'uomo, gli tirò il cappotto e lo fece chinare verso di lei. Stava in piedi e toccò la bella faccia dell'uomo, soffiò nelle sue mani e le mise sul suo cuore. Rimase così per un po' di tempo. Dopo soffiò un'altra volta nelle sue mani, lo guardò e gli disse: «Ti amo». Poi lo salutò. L'uomo si alzò, con le lacrime che gli correvano sul volto. Non capiva la lingua eschimese. Era uno scrittore, e più tardi scrisse che questo era stato uno dei momenti più importanti nella sua vita, quando mia madre aveva toccato il suo cuore e gli aveva detto: «Ti amo».

Questo, per noi uomini dell'occidente, è difficile da capire. Pensiamo che per cambiare qualcosa dobbiamo essere attivi, dobbiamo seguire dei progetti, tenere dei convegni. Cosa ne dici?

A volte penso: non sarebbe meglio toccarci semplicemente? Tenerci semplicemente per mano? Stare insieme semplicemente nella luce della Luna o a guardare il sorgere del Sole? O festeggiare insieme il compleanno dei nostri figli? E riconoscere la bellezza della connessione che si è svegliata tra di noi. Ti ricordi quando eravamo seduti in quella caffetteria a Fulda? Un sentimento meraviglioso di comunione prendeva tutti noi. Non avevo fatto niente. Fu la stessa cosa con te nell'asilo dei tuoi figli. Non facevo niente, ma tutto cambiava. I bambini cominciarono a sorridere, i loro occhi si riempirono di lacrime e si abbracciarono. Questo era tutto. Non c'era bisogno di un miracolo. Tutto ciò di cui c'era bisogno era: «Ti amo».

Epilogo del curatore

Nella notte era scesa una pioggia ghiacciata ed ero atterrato a Budapest con quattro ore di ritardo. Ora un tassì mi portò in una mattina grigia al venerabile palazzo dell'Accademia delle Scienze dove avrei incontrato i membri del World Wisdom Council. Quando entrai nella sala, la conferenza era già iniziata da tempo. Mi sedetti da un lato e feci girare il mio sguardo sull'auditorium – nella speranza di vedere Ernst-Ulrich von Weizsäcker, che mi aveva invitato. Invece il mio sguardo si fermò su un uomo dai cappelli grigi, lunghi fino alle spalle. Attirò tutta la mia attenzione, e mi chiesi chi poteva essere. In quel momento si girò, e i nostri sguardi si incontrarono. Allora non diedi molta importanza all'accaduto. Oggi so che in quel momento ebbe inizio una delle amicizie più importanti della mia vita.

Durante la pausa, l'uomo venne da me. Fui sorpreso di quanto fosse piccolo; istintivamente mi aspettavo un gigante alto un metro e novanta. Mi guardò dal basso con la testa leggermente inclinata e disse: «Sono il tuo zio dalla Groenlandia». Senza sapere il perché risposi: «Lo so», e poi mi prese fra le sue braccia. La pioggia gelata aveva smesso di cadere. Fuori uscì il Sole e fece brillare il Danubio. Avevo conosciuto Angaangaq: l'uomo che fa sciogliere il ghiaccio nei cuori degli uomini.

La mia missione a Budapest era invitare dei rappresentanti del World Wisdom Council al Convegno dei fedeli della Chiesa evangelica di cui ero il capo programmatore. La missione ebbe successo, e così potei rivedere Angaangaq sei mesi più tardi. Essendo il responsabile non avevo quasi il tempo di assistere all'evento al quale partecipava, ma non volevo perderlo del tutto. Era uno degli eventi più notevoli che avevo organizzato durante il mio periodo al consiglio dei fedeli: oltre ai rappresentanti del World Wisdom Council erano venuti Maryh Robinson, Wangaari Maathai e Herbert Grönemeyer, per discutere di come avremmo potuto portare più saggezza nel mondo. Angaangaq era il primo oratore. Lui stava lì sul palco, nell'affollato padiglione numero 4, tutto da solo con il suo tamburo, e cantava. L'uomo che aveva visto la luce in un piccolissimo villaggio nel nord della Groenlandia. Durante il Convegno dei fedeli della Chiesa evangelica a Hannover, davanti a quattromila persone, cantava una canzone eschimese antica. Mi sentii profondamente toccato. Altri meno: un uomo, visibilmente agitato mi avvicinò e gridò arrabbiato: «Fate sì che questo diavolo sparisca!» Anche qui la risposta mi venne al volo. Dissi: «Si calmi, quest'uomo sta parlando con Dio». Oggi so che questo era la verità.

Col tempo ci conoscemmo sempre di più. Il fatto che quei contatti sporadici sono diventati un'amicizia che, come frutto, ha portato a questo libro, avvenne soprattutto grazie a un incontro nel gennaio 2006. Ci vedemmo al World Spirit Forum ad Arosa – un evento esasperatamente caotico dove, improvvisamente, incontrai Angaangaq nella sauna. Bagnati di sudore guardavamo le montagne nevose attraverso la finestra panoramica. E per la prima volta, Angaangaq mi raccontò della sua patria in Groenlandia. Anche senza i novanta gradi della stufa nella sauna sarebbe riuscito a sciogliermi il ghiaccio nel cuore. Sentivo una connessione profonda con quest'uomo. E capivo che avrebbe avuto un valore particolare nella mia vita.

Durante questa memorabile visita nella sauna conobbi anche Sinikka, la moglie di Angaangaq – e da allora, nel loro gergo familiare, vengo chiamato il "compagno di sauna di Sinikka". In questa occasione vorrei esprimerle la mia più profonda gratitudine. Non credo che senza Sinikka questo libro sarebbe nato. Molte volte ho visto quale aiuto eccezionale Angaangaq riceve da questa donna meravigliosa. È bellissimo vederli come coppia.

Dopo Arosa seguirono altri incontri. Fin dall'inizio notai la capacità di Angaangaq di espandere intorno a sé uno spirito di connessione e comunità. Senza fare scalpore, toccava le persone nella loro interiorità e creava così un grande sentimento di unione. Siccome, oltre a quello, lo amavo per le sue parole forti, semplici e calorose, lo invitavo – ovunque potessi – agli eventi in cui ero coinvolto nell'organizzazione: all'Accademia spirituale estiva a Hombroich, al World Spirit Forum, a serate conviviali a casa mia a Fulda.

Poco a poco compresi che nel mondo tradizionale di Angaangaq giace una riserva di saggezza, vitalità e bellezza che finora era stata chiusa per un intellettuale e filosofo occidentale autentico come me. Questa scoperta era eccitante. Mi sembrava di trovare nelle parole e nelle cerimonie di Angaangaq una manifestazione viva di tutto ciò che conoscevo come l'essenza della filosofia greca che avevo studiato per anni e che amo tanto: un insegnamento di saggezza e un'arte di vivere che si rivolge con passione a questo mondo; che celebra la vita nella moltitudine delle sue forme e, nello stesso tempo, respira una semplicità rinfrescante; l'etica della quale mi sprona a cercare sempre e ovunque un equilibrio armonioso; e nelle sue parole mi risuonava tanto di quello che avevo trovato di sacro nei miei studi spirituali: il sapere che nella vita non c'è niente di più importante di un cuore che ama – un cuore che si è liberato dal gelo del pensiero strumentale e razionale-utilitaristico del nostro mondo occidentale.

Ero commosso dalla semplicità con la quale Angaangaq esprimeva delle verità molto profonde. Mi rendevo conto di quanto aveva ragione quando ripeteva sempre che la vita, in realtà, è semplice – e che siamo noi stessi a renderla difficile. Mi piaceva il vigore con cui ricordava alle persone le verità più semplici della vita: «Un uomo è un uomo e una donna è una donna. Non va bene se gli uomini vogliono essere delle donne, e le donne vogliono essere degli uomini». Avrei potuto abbracciarlo per delle parole così – e posso farlo ancora oggi. O per la sua affermazione: «La preghiera più bella è un essere umano che cammina vigoroso, eretto e in bellezza sulla terra». La mia anima sentiva queste parole come sue.

Nell'autunno 2006 ebbi il piacere e l'onore di partecipare a una cerimonia della capanna sudatoria guidata da Angaangaq. Questa era la prima volta che lo vedevo in un contesto derivante dalla sua tradizione indigena – anche se la cerimonia ebbe luogo in una fattoria vicino al Meno. Così sperimentai direttamente quale centro spirituale di potere e di energia sta dietro alle sue parole vigorose. E piano piano, dentro di me, maturò il desiderio di condividere il dono che mi era capitato, nella forma di un libro.

Non sapevo che anche Angaangaq aveva nel cuore un simile pensiero. Ma durante una visita a Fulda mi parlò del suo piano di scrivere un libro. E io fui profondamente toccato quando mi pregò di farlo insieme a lui. Dissi subito di sì, anche se ebbi il presentimento di quale responsabilità mi ero caricato. Perché, per Angaangaq, scrivere questo libro significava molto di più, che per me, scrittore occidentale dalla penna facile. Lui voleva un libro degno degli insegnamenti dei suoi Anziani. Voleva un libro vivo che toccasse le persone nel cuore. Voleva un libro che sollevasse e spronasse lo spirito dei suoi lettori e delle sue lettrici. E io dovevo trovare il linguaggio giusto! Ho fatto del mio meglio e spero di essere riuscito ad adempire a questo compito.

Nell'autunno 2008, nella Villa Unspunnen, di fronte all'Eiger, Mönch e Jungfrau, cominciammo una prima serie di interviste. Era meraviglioso avere due giorni di colloqui con Angaangaq, che di solito ha un'agenda pienissima. Altre interviste seguirono, in tutto quindici ore, che trascrissi e tradussi. Un lavoro eccitante. Perché, a ogni riga che mettevo sulla carta, mi sentivo più vicino ad Angaangaq. A volte non riuscivo a distinguere i suoi pensieri e le mie parole.

Poco prima dell'ultimazione del libro si realizzò un mio vecchio sogno: si presentò l'occasione di vedere Angaangaq nella sua patria groenlandese. Da molto tempo si portava dentro il progetto di fare una cerimonia del Fuoco Sacro in Groenlandia. Tutte le volte che ci vedevamo, era pieno di entusiasmo e idee nuove per questo progetto. Sentivo con quanta energia seguiva la sua visione. In realtà però non era la sua visione, ma un'antica profezia degli eschimesi che lo ispirava: un giorno sarà possibile accendere un fuoco con il legno di alberi groenlandesi. Quando fosse successo questo, sarebbe arrivato il tempo di un grande cambiamento. Angaangaq è convinto che questo tempo sia arrivato. E non ha illusioni sul fatto che questo tempo porterà sfide gigantesche per l'umanità di cui possiamo percepire l'immensità occupandoci delle conseguenze probabili del riscaldamento globale. Che questo processo sia irreversibile, Angaangaq non ha nessun dubbio. Il ghiaccio delle calotte polari si scioglierà e il livello degli oceani salirà. Noi uomini saremo in grado di confrontare le conseguenze di questi grandi cambiamenti soltanto se scioglieremo il ghiaccio nei nostri cuori e cominceremo a usare le nostre conoscenze con saggezza.

Sciogliere il ghiaccio nei cuori: per farlo ci vuole l'energia infinita dell'amore. Accendere questa energia di amore cosmico o globale – questo era lo scopo del Fuoco Sacro in Groenlandia. Fu una cerimonia potente celebrata da Angaangaq nel luglio 2009 nella tundra groenlandese – alla presenza e con la collaborazione di sciamani e Anziani che erano venuti da tutti i continenti nel Sole di mezzanotte. Ed è la mia speranza che questo libro porti una scintilla di quel Fuoco Sacro capace di accendere anche il Tuo cuore e che Ti sproni a una vita vigorosa, eretta e amorevole in bellezza e saggezza.

Durante l'Accademia Spirituale nell'estate 2007, Angaangaq mi diede la piuma di un'oca artica. Allora non sapevo ancora il significato dei doni di uno sciamano e Anziano. Oggi so che sta a me applicare questo regalo. Ogni volta che incontro Angaangaq, mi chiede se, nel frattempo, ho imparato a volare o, addirittura, a volteggiare. E tutte le volte mi capita di rispondergli che mi vedo sulla strada. Poter scrivere questo libro mi ha portato avanti su questa strada. Che sia anche per Te un compagno di viaggio e un'indicazione sulla Tua strada per ritornare a casa dentro di Te.

Oltre ad Angaangaq vorrei ringraziare soprattutto Oona Leibundgut, la sua assistente instancabile; senza di lei non ci sarebbero stati né gli appuntamenti per i nostri incontri né qualche traduzione corretta delle parole di Angaangaq. E ringrazio mia moglie Christine che mi ha sempre supportato affinché questo libro potesse nascere.

Christoph Quarch
primavera 2010

Note biografiche

ANGAANGAQ è un Anziano degli eschimesi Kalaallit della Groenlandia ovest che è stato nominato dal suo popolo al rango di sciamano Angakkoq. Il suo nome, tradotto letteralmente, significa "l'uomo che assomiglia a suo zio". Angaangaq è nato nel 1947 a Kalaallit Nunaat nel nord della Groenlandia. Discende da una famiglia nella quale sono nati, da molte generazioni, dei guaritori tradizionali. Suo padre Aataa Aataqqii lavorava per il governo groenlandese. Fin dall'infanzia sua madre Aanaa Aanaqqii e sua nonna Aanakasaa lo preparavano per i suoi compiti.

Al cospetto della crisi ecologica e dei cambiamenti climatici nella sua patria, da giovane, ricevette dagli Anziani del suo popolo l'incarico di portare il messaggio spirituale degli eschimesi come "corridore" in tutto il mondo. Nella sua posizione di leader spirituale ha rappresentato gli indigeni artici alle Nazioni Unite, nel forum permanente delle Nazioni Unite per gli affari indigeni, nel consiglio delle Nazioni Unite per religione e spiritualità e nel comitato per gli oceani, la pesca e la caccia dell'Unesco. È membro del World Wisdom Council, del World Council of Elders, del Club di Budapest e fondatore di IceWisdom International LCC, un'organizzazione che si basa sugli insegnamenti e sulle pratiche tradizionali degli eschimesi Kalaallit.

Nella World Commission on Global Consciousness and Spirituality fa da tramite con le culture indigene nel mondo. Nello stesso tempo viaggia intorno al mondo e incontra Anziani indigeni nell'ambito di cerchi di guarigione e di consiglio di piccole comunità, per conoscere direttamente le loro esigenze e per trasmetterle agli enti ufficiali. Nel luglio 2009, vicino a Kangerllusuaq, nella Groenlandia ovest, tenne una Sacred Fire Cerimony [cerimonia del Fuoco Sacro, *NdT*] con degli sciamani e Anziani da tutto il mondo.

Nella tradizione degli eschimesi Kalaallit della Groenlandia ovest, il titolo "Angakkoq" è un grado spirituale per uno sciamano. Nel gennaio 2006 Angaangaq è stato chiamato dal suo popolo per questo servizio. A partire dalla Sacred Fire Cerimony nel luglio 2009 porta il titolo d'onore Angakkorsuaq, Grande Sciamano. Nel suo lavoro collega il sapere della scienza occidentale con la saggezza tradizionale dei popoli artici. Guida alcuni cerchi creati da lui stesso in America del nord e in Europa, e tiene seminari intensivi e cerimonie della capanna sudatoria in tutto il mondo.

Per saperne di più, www.icewisdom.com o www.verdechiaro.com.

CHRISTOPH QUARCH, Dr. Phil., nato nel 1964 a Düsseldorf, è libero professionista filosofo e pubblicista. Ha scritto molti libri su argomenti di spiritualità e filosofia, come *Eros und Harmonie* (2006), *Die Macht der Würde* (2006), *Die Erotik des Betens* (2008) e *Unsere Welt ist heilig** (2009). Nei suoi seminari trasmette la "Erotische Lebenskunst", cioè "l'arte erotica di vivere", che ha sviluppato lui stesso sulla base della filosofia platonica. È un oratore molto richiesto a congressi e convegni di fedeli, è autore di varie riviste spirituali e religiose, organizzatore di grandi congressi e incontri (Deutscher Evangelischer Kirchentag, Spirituelle Sommerakademie Hombroich, World Spirit Forum Arosa, Wörishofener Herbst).

Christoph Quarch è membro nel Consiglio Spirituale di Villa Un-

* I titoli dei libri, in italiano, sarebbero: *Eros e Armonia*, *Il potere della dignità*, *L'erotica della preghiera*, *Il nostro mondo è sacro*, *NdT*.

spunnen (Interlaken/CH) e l'iniziatore dell'Invitation to Global Spirituality (www.global-spirituality.info). Vive con sua moglie Christine e i suoi figli Immanuel e Martha a Fulda.

Per ulteriori informazioni, www.lumen-naturale.de.

Didascalie

Riportiamo di seguito le didascalie delle fotografie di Sven Nieder pubblicate nell'inserto, in ordine di comparizione:

- a pagina 1, suono del tamburo in Groenlandia;
- alle pagine 2 e 3, fuoco e ghiaccio;
- alle pagine 4 e 5, canto vicino all'Inussuk a Maniitsoq, in Groenlandia;
- alle pagine 6 e 7, cerimonia dell'Inussuk con bambini a Maniitsoq;
- alle pagine 8 e 9, un momento della cerimonia del Fuoco Sacro nel 2009;
- alle pagine 10 e 11, canto sulla calotta di ghiaccio;
- alle pagine 12 e 13, cerchio per la cerimonia della Luna piena durante il World Spirit Forum ad Arosa, nel 2008;
- alle pagine 14 e 15, fuoco sacro per una capanna sudatoria con lo HeartSpiritsCircle;
- a pagina 16, cerimonia del fuoco.

Indice

Verdechiaro nasce dalla fusione del verde e del giallo e rappresenta la realizzazione nel concreto di un progetto individuato attraverso l'intuizione: poter contribuire alla circolazione delle idee in cui crediamo. Le nostre proposte editoriali sono libri che portano il seme di un messaggio evolutivo che sentiamo in modo particolare. Sono opere indirizzate alla mente e al cuore dell'uomo, che pensiamo non debbano mai essere disgiunti per il raggiungimento di una più profonda consapevolezza.

Che questi libri possano essere un faro per colui che desidera addentrarsi nel viaggio interiore.

Verdechiaro Edizioni

via Montecchio, 29
42031 Baiso (Reggio Emilia)
tel. 0522/598264 - fax 0522/993017
info@verdechiaro.com

www.verdechiaro.com

La conoscenza segreta degli Indiani d'America

Enzo Braschi

Per la prima volta il mondo degli uomini "diversi da tutti gli altri", i "Sacri Pagliacci" che vivevano la vita al "contrario", viene raccontato da Enzo Braschi, insieme al rapporto dell'umanità con i "Contrari del Mondo di Sopra" – i "Guardiani delle Stelle" degli antichi Maya; perché il Grande Spirito ama le diversità e che le diversità si riconoscano in Lui e si amino tra loro.

Pagine 256 - € 17,90 - ISBN 978-88-6623-054-0

2013. L'alba della nuova era

Enzo Braschi, Giorgio Boccaccio (a cura di)

Un libro per una comprensione d'insieme del fenomeno 2012. Gli autori hanno volutamente tralasciato gli scenari apocalittici per concentrarsi sull'idea che il 2012 sia l'emblema del grande cambiamento energetico legato alla nuova frequenza vibrazionale del pianeta Terra. Perché non importa tanto cosa potrebbe accadere nel 2012, quanto come potrebbe essere la vita di tutti noi dal 2013 in poi.

Pagine 208 - € 17,30 - ISBN 978-88-88285-52-8

Il libro del destino

Carlos Barrios

21/12/ 2012: il mondo non finirà, ma sarà trasformato. Carlos Barrios – storico, antropologo, ma anche *ajqij*, cioè sacerdote Maya – sostiene che allora avrà fine il tempo di mezzo, caratterizzato da una distruzione e caos, e avrà inizio il mondo del Quinto Sole. All'alba di quel giorno, la struttura materiale cambierà e avremo la possibilità di essere più umani, e di rendere il mondo un posto migliore.

Pagine 304 - € 18,00 - ISBN 978-88-6623-051-9

Rivoluziona la tua realtà

Serge Kahili King

Con questo libro sconvolgente, Serge Kahili King introduce uno dei più sostanziali concetti della filosofia Huna: l'idea che l'esperienza, la natura e la struttura profonda della realtà possano essere modificate grazie a una combinazione di conoscenza, abilità e visioni del mondo. Sulla base di questi principi racconta esperienze e condivide strategie, metodi e tecniche per apportare un immediato beneficio nelle nostre vite.

Pagine 256 - € 18,00 - ISBN 978-88-6623-050-2

Incontri con il Nagual

Armando Torres

Carlos Castaneda ha istruito Armando Torres per rivelare la "regola del Nagual a tre punte" quattro anni dopo la sua partenza. La regola è completa e copre tutti gli aspetti della via del guerriero. Descrive come il gruppo di un Nagual viene creato e nutrito, come le generazioni si collegano per formare un lignaggio e le guida verso la libertà. Ma per usarla come chiave che apre le porte al potere, deve essere verificata di persona.

Pagine 288 - € 18,00 - ISBN 978-88-88285-42-9

La malattia non esiste

Maria Rosa Greco

Un metodo terapeutico che integra l'approccio psicoterapeutico classico con tecniche sciamaniche e tradizionali di tutto il mondo, proponendo un percorso di guarigione breve e potente che porta al superamento del concetto stesso di malattia mentale. Un po' autobiografia, un po' saggio scientifico, *La malattia non esiste* accompagna il lettore alla scoperta di un modo per guarire e crescere interiormente.

Pagine 160 - € 16,90 - ISBN 978-88-88285-59-7

Finito di stampare
nel mese di marzo 2012.